报销实务与
税务管理

高先文　顾成露　著

中国科学技术大学出版社

内 容 简 介

本书分为基础篇和实务篇。基础篇由四讲构成,从报销流程的责任划分、会计信息加工生成的时限性、发票的涉税分析、原始凭证的美观性等方面,阐述了报销管理的基础规范。实务篇由四讲构成,将日常业务中涉及的报销内容划分为办公费用、广告宣传费用、人力成本、物资采购四大类别,采用穷尽列举的方法详细阐述了企业经营管理过程中常规经济业务的发起、实施、报销及过程管控,同时针对重点业务的税务风险点从法规的角度进行分析并提出管理思路,以减少企业的涉税风险。

全书旨在建立标准化工作流程并增强全员税务管理意识,从而构建健康的经营和税收环境。

图书在版编目(CIP)数据

报销实务与税务管理/高先文,顾成露著. —合肥:中国科学技术大学出版社,2022.8
ISBN 978-7-312-05431-0

Ⅰ. 报… Ⅱ. ① 高… ② 顾… Ⅲ. ① 会计实务—基本知识 ② 税收管理—研究—中国 Ⅳ. ①F233 ②F812.423

中国版本图书馆CIP数据核字(2022)第058655号

报销实务与税务管理
BAOXIAO SHIWU YU SHUIWU GUANLI

出版	中国科学技术大学出版社
	安徽省合肥市金寨路96号,230026
	http://press.ustc.edu.cn
	https://zgkxjsdxcbs.tmall.com
印刷	安徽国文彩印有限公司
发行	中国科学技术大学出版社
开本	880 mm×1230 mm 1/32
印张	5.25
字数	132千
版次	2022年8月第1版
印次	2022年8月第1次印刷
定价	40.00元

前　言

　　我现在经办的业务真实、合法，否则将成为我欺诈、违规甚至违法的证据，必将受到严厉的处罚并付出相应的代价，且这个污点将伴随我一生。

　　如果你记忆模糊而自己又不能确认业务的真实性，请认真回忆并确认无误后再办理报销，因为这是一件极其严肃的事情。

上面的这段话源自十多年前对一家企业的业务考察，当时那家企业的出纳人员的桌面上就放置着写有上述内容的告示牌。在现场办理报销时由报销人员宣读前段，再由出纳人员提醒后段，不需要任何人的签字就可直接支付，这种自我约束和提醒式的管控模式令现场所有人都感慨无比！令人难以置信！正是这种模式促使我开始真正思考，看似层层把关的签批程序，实则多头分摊了报销经办人的首要责任。换句话说，如果某笔经济业务出现了问题，则会给经办人员以这样的借口："你们不都审核通过了吗！"最终的处理结果一定是大家一起挨板子。与其这样，还不如相信经办人的业务真实、合法、有效，以激发人性的美好和自律。当然这种境界的前提是企业财务管控水平已达到了相当的高度，现实中大多数人对于财务部门职能的理解仅限于会计的反映核算和监督两大职能。而作为一名财务管理人员，自身的价值则更多地体现在将财务管控职能前置，在签订业务合同时对税务风险进行有效规避。有鉴于此，本书以最基础、最日常的报销实务为切入点，以财务管控为主线并结合税收法规，从税务管理的角度对一些重点业务进行分析并提出解决思路或方案。作为会计人员实务操作的一本案头工具书，本书也可供企业经营管理人员、财经类院校师生阅读参考。

当然，因为是实务操作，本书会带有笔者的经验积累和所从事行业的特性以及职业判断，所以读者要结合自己的行业特点以及企业的实际情况进行选择吸收和灵活运用。

作者

2022年1月

目 录

前言 /i

基础篇

第1讲 总则

管控的最高境界是"自律",而我们目前离实现这个最高境界还有很大的差距,实务中可以通过责任划分来有效地规避"看似层层把关、实则人人推托"的现象。

/003

1.1	报销管理目的	/003
1.2	报销管理原则	/003
1.3	报销管理职责划分	/003
1.4	报销实务内容	/004

第2讲 报销管理

及时性是会计核算的基本原则之一,在信息时代的今天,会计信息若不及时加工、生成、报送,则会失去时效性,从而可能会影响决策效率。而报销管理的时限要求正是保证会计信息及时传送的首要环节。

/005

2.1	报销审核流程	/005
2.2	报销时限要求	/006
2.3	审核时限要求	/009
2.4	数据反映	/009
2.5	数据核对	/010

目 录 iii

第3讲　票据管理

发票是反映经济业务的原始凭证之一，也是会计核算和税收征管的重要依据。财务人员要提高法律意识，正确引导全员合法使用发票，促进纳税遵从度不断提高。

/011

3.1	我国增值税和发票管理的发展沿革	/011
3.2	发票栏次	/017
3.3	发票开具	/032
3.4	发票印章	/036
3.5	发票遗失	/038
3.6	电子发票	/042

第4讲　报销单据管理

保存整齐美观的原始资料既是规范会计工作的基础，也是会计档案管理的需要。

/044

- 4.1　报销单据粘贴　/044
- 4.2　报销单据填写　/045

实务篇

第5讲　办公费报销实务与税务管理

从业务的发起、过程管控、报销审核、原始单据提供等方面拟定操作标准，同时对重点业务的涉税问题进行分析并提出管理思路或方案，以建立标准化工作流程，提高全员的纳税意识。

/049

5.1	日常办公费	/049
5.2	设施设备维保费	/051
5.3	办公水、电业务费	/052
5.4	保洁绿化费	/054
5.5	诉讼费	/057
5.6	房屋租赁费	/057
5.7	小车使用费	/060
5.8	通讯费	/063

5.9	会务费	/066	
5.10	交通费	/077	
5.11	差旅费	/083	
5.12	业务招待费	/087	

5.13	顾问咨询费	/095	
5.14	协会费	/097	
5.15	文化建设费	/099	

第6讲 广告宣传费报销实务与税务管理　　/100

广告宣传费在企业的三项经费中占有相当大的比例，与三项经费中的业务招待费因在口径界定上存在模糊性，故实务中经常会产生涉税风险，有效规避涉税风险是财务管控的重要价值体现。

6.1	平面媒介费	/101
6.2	电子媒介费	/102
6.3	户外媒介费	/103
6.4	网络媒介费	/107
6.5	营销推广活动费	/108
6.6	宣传物料费	/109

第7讲 人力成本报销实务与税务管理　　/118

在从数据分析角度采集同行业人力成本时经常会因口径不同而导致可比性不足。鉴此，本讲使用穷尽列举法阐述除工资、奖金以外的所有福利性开支项目，旨在厘清全口径人力成本的概念，并针对实务中会计人员最头痛的个人所得税问题进行重点分析，提出管理思路。

7.1	过节费	/118
7.2	午餐费	/120
7.3	体检费	/125
7.4	防暑降温费	/127
7.5	劳动保护费	/129
7.6	职工教育经费	/132
7.7	人才招聘费	/137
7.8	福利费相关法规对比分析	/140

第8讲 物资采购报销实务与税务管理 /147

采购业务的实施过程中，经常会出现供方是一般纳税人和小规模纳税人两种情况，以及"要发票是一个价，不要发票又是另一个价"的情况，具体如何选择供方，业务人员和财务人员往往会很纠结，其实不管哪种情况，通过它们之间存在的等式关系，可以从中发现一个利益平衡点。

8.1 材料采购 /147
8.2 固定资产采购 /151

基 础 篇

第1讲　总　　则

管控的最高境界是"自律",而我们目前离实现这个最高境界还有很大的差距,实务中可以通过责任划分来有效地规避"看似层层把关、实则人人推托"的现象。

1.1　报销管理目的

规范报销流程并在业务开展过程中进行税务分析,可在建立标准化工作流程的同时增强全员的税务管理意识,从而构建健康的经营和税收环境。

1.2　报销管理原则

(1) 实行预算额度或既定标准控制原则。
(2) 实行"谁经办谁报销"原则。

1.3　报销管理职责划分

(1) 报销经办人对经办业务的真实性和合法性、提供票据的合规性负责。
(2) 经办部门负责人对业务的真实性和合法性进行审核,并负连带责任。
(3) 财务部门相应岗位对报销单据填写金额的准确性、审批手续的完备性负责；对既定标准、预算额度控制负责；对业务的真实性、票据的合规性有随机抽查权；对重大经济业务有事先参与权（重大经济业务根据业务性质或业务额度来界定，具体由企业依据自身的管控现状设定）。

1.4　报销实务内容

报销内容包括但不限于：办公费、通讯费、会务费、交通费、小车费、差旅费、业务招待费、协会会费、顾问咨询费、维修费、保养费、保洁费、绿化费、劳保用品采购、租赁费、水电费、广告宣传费、工资、福利费、社保费、教育经费、招聘费、培训费、物资采购等。

第 2 讲　报 销 管 理

及时性是会计核算的基本原则之一，在信息时代的今天，会计信息若不及时加工、生成、报送，则会失去时效性，从而可能会影响决策效率。而报销管理的时限要求正是保证会计信息及时传送的首要环节。

2.1　报销审核流程

(1) 图1.1中的"分管领导审批"和"财务审核岗审核"既可以根据企业自身的组织架构及管控要求自行设置或缺省，也可以根据企业自身的组织架构及管控要求拟定"授权表"，以明确管控责任和简化审批流程。

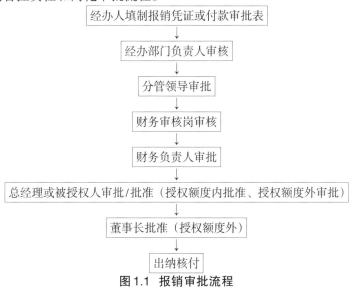

图1.1　报销审批流程

(2) 被授权人发生的开支，不论金额大小，一律都由授权人批准。

> **阅读延伸2-1　　　名词解释**
>
> 1. 审议：在过程中商讨并提出建设性意见。
> 2. 审核：对拟决策的议题或文件进行审查核实，可提出相关意见。
> 3. 审批：对拟决策的议题或文件进行审查批准，有变更的可能。
> 4. 批准：对拟决策的议题或文件进行终审，给出执行许可。

2.2 报销时限要求

本讲中设定的"报销时限"仅作参考，具体"报销时限"可依据企业自身的管控要求进行设定。

2.2.1 通讯费报销时限

(1) 给予外派人员的因公通讯费补贴每月列入工资并统一发放。

(2) 企业固定电话费及网络费由归口管理部门按月报销。

(3) 个人因公移动通讯费，原则上以企业为主体，每月由归口管理部门按企业既定标准在限额内据实报销，所使用的手机号码必须在企业通讯录上公布，否则不予报销；使用两个或两个以上手机号码的也必须在企业通讯录上公布，且报销的通讯费用总额度应控制在既定标准内。

2.2.2 交通费报销时限

（1）公务外出的市内交通费定期报销（原则上以周为报销时限）。报销人应在所附票据（出租车票或公交车票）背面注明外出时间、起始地点、事由、证明人。票据张数超过5张的须另附报销清单，同样列明外出时间、起始地点、事由、证明人；且"证明人"栏有证明人本人签字方为有效。外出公务注明事由、证明人同样适用网约车发票清单。

（2）私车公用。具体由归口管理部门依据企业既定标准、合规程序报批后提交财务备案，以作为审核依据，报销人应于次月财务报告日前的5个工作日内，在既定标准内或预算额度内据实办理报销手续。

2.2.3 小车使用费报销时限

（1）公务用车的日常加油。车辆主管（或归口管理部门指定经办人员）可按月办理对公转款审批手续，在取得发票后的5个工作日内办理报销冲账手续；特殊情况下需要零星加油的，应在业务结束后的5个工作日内办理报销手续。

（2）公务用车的洗车费。一般定点购买月卡或年卡，在业务结束后的5个工作日内办理报销手续。

（3）公务用车的维修费、保养费、保险费。由车辆使用人填制报销凭证，经车辆主管（或归口管理部门指定经办人员）依据《车辆管理规定》（由企业根据自身的管控要求制定）审核并登记台账，在业务结束后的5个工作日内办理报销手续。

2.2.4 差旅费报销时限

公务出差必须先申请后执行，外出人员在出差回来后的5个工作日内按《出差管理规定》（由企业根据自身的管控要求制定）既定标准办理报销手续。

2.2.5 日常办公费报销时限

（1）固定供方采购的，由归口管理部门定期结算报销（原则上以月为时限）。

（2）按次采购的，在业务结束后的5个工作日内办理报销手续。

2.2.6 因公借款时限

因公借款应在业务结束后的5个工作日内办理报销冲账手续，且办理借款时应遵循"前账不清，后账不借"的原则。

2.2.7 营销推广费专项活动时限

营销推广专项活动应在业务结束后的10个工作日内一次性办理报销手续，并附效果评估报告。

2.2.8 培训费、考察费时限

培训或考察应在业务结束后的5个工作日内办理报销手续，报销时附培训或考察心得，且培训或考察心得应经过人力资源部门（或管理部门）审核签字、备案，否则不予报销。

2.2.9 业务招待费时限

总经理以下职级人员（具体设定到哪个职级由企业根据自身的管控要求制定）必须先申请后宴请，并于宴请结束后的5个工作日内按《招待费管理规定》（由企业根据自身的管控要求制定）既定标准办理报销手续。

2.2.10　上述费用以外的时限

其他零星费用支出，原则上在业务结束后的5个工作日内办理报销手续。

上述各类业务在年度结算时，可以适当延长报销时限，但不得迟于财务报告日的前5日。

2.2.11　合同类支出时限

合同类支出在办理付款时，时限按照合同条款执行。

2.3　审核时限要求

审核、审批岗位人员在既定审核工作日（为保证审核、审批人员工作时间的完整、有序，建议以发文形式规定每周具体的审核工作日，如遇审核人员或审批人员出差在外等特殊情况，可顺延签字工作日）接到经办人员提交的报销单据时，应当即完成审核、审批流程。审核人员或审批人员若在审核过程中发现问题，则须当即告知经办人员，由经办人员对问题单据进行自行补充、修正，直至审核通过。已实现ERP信息化管理的企业可通过系统设置审核、审批时限。

2.4　数据反映

为确保会计核算的及时性，实时反映实际执行数，出纳人员在处理完业务的当日或次日上午12点之前，须完成收付凭证的填制或ERP系统的生成操作。

2.5　数据核对

　　每月5日前，各部门自行填制实际执行数台账或预算执行数台账，与财务核算系统的账面数进行核对（各部门的台账格式建议由财务部门提供固定模板，以避免在核对过程中因格式不同而耗费不必要的精力）。对已实现ERP信息化管理的企业，可通过系统授权，给予各部门查询权限，以便各部门自主了解本部门的实际执行数与预算数之间的差异，如有疑问，应及时查明原因并于当期调整。

第3讲 票 据 管 理

发票是反映经济业务的原始凭证之一,也是会计核算和税收征管的重要依据。财务人员要提高法律意识,正确引导全员合法使用发票,促进纳税遵从度不断提高。

3.1 我国增值税和发票管理的发展沿革

3.1.1 我国增值税的发展沿革

增值税于1948年起源于法国。因为增值税是对流转环节的增值额征税,相较营业税具有避免重复征税的优越性,同时比所得税的计税基础更为直接,从而税源稳定,所以逐步被许多国家采用。

从增值税本身的经济特性出发,可将其划分为生产型、收入型、消费型三种类型,其分类依据是针对购入固定资产的进项税额抵扣而言的。购入固定资产的进项税额当期不能完全从商品或劳务的销项税额中抵扣,且以后也不能抵扣的属于生产型增值税;购入的固定资产的进项税额当期只能抵扣折旧所对应的进项税额的属于收入型增值税;购入固定资产的进项税额当期能完全从商品或劳务的销项税额中抵扣的属于消费型增值税。

对于上述三种类型的增值税而言,从理论上看,收入型增值税分期抵扣体现配比原则,与增值税的增值额概念最为相符,但它需要对固定资产进行折旧,而折旧凭证不符合增值税专用发票抵扣的税法规定，所以往往不被采用。

从经济的角度看，消费型增值税因购入固定资产进项税额可抵扣，故可鼓励投资，并提高国内产品的竞争力，同时公平内外资企业和国内外产品的税收负担，有利于税制的优化；从征管的角度看，因抵扣链条基本完整，故征收和缴纳将变得相对简便易行，这有利于降低税收征管成本。

生产型增值税与消费型增值税相比，虽然在重复征税方面还存在不彻底性，但它仍比传统的流转税前进了一大步。然而，随着我国市场经济的建立与发展，生产型增值税产生的问题逐步突显，无论是从规范增值税税制以适应全球经济一体化方面，还是从促进国内企业设备投资和技术更新、改造方面，生产型增值税已不能满足需求，所以增值税转型势在必行。实际上，小到企业管理机制的更新，大到国家经济体制改革，一条十分重要的经验就是"渐进"。下面以时间为序简述我国增值税的发展历程：

（1）1979年：我国于1979年下半年开始引入增值税制度，财政部先后选择机器机械、农业机具两个行业和自行车、缝纫机、电风扇"三大件"试行增值税。

（2）1982年：财政部发布了《增值税暂行办法》。

（3）1984年：国务院发布了《中华人民共和国增值税条例（草案）》，并自1984年10月1日开始实施，标志着我国正式建立增值税制度，形成了增值税、产品税、营业税三税并存的格局。

（4）1994年：《中华人民共和国增值税暂行条例》（国务院令第134号）自1994年1月1日起施行，同时废止《中华人民共和国增值税条例（草案）》《中华人民共和国产品税条例（草案）》。1994年税制改革时，增值税作为改革重点逐步走上了规范化之路，《中华人民共和国增值税暂行条例》确立了"应纳税额=当期销项税额-当期进项税额"的计税基础并延续至今。在此阶段我国适用的是生产型增值税。

(5) 2004年7月至2008年底：从支持东北地区老工业基地的发展、扩大中部地区增值税抵扣范围，到对汶川地震受灾严重地区实行固定资产进项税额一次性全部予以扣除，在此阶段我国的增值税由生产型向消费型转型。

(6) 2009年：《中华人民共和国增值税暂行条例》(国务院令第538号)(以下简称《增值税暂行条例》)自2009年1月1日起施行，我国增值税的基本行政法规确立。

(7) 2012年：经国务院批准，自2012年1月1日起，在上海市开展交通运输业和部分现代服务业营业税改征增值税(以下简称"营改增")试点，通过扩大试点范围、扩大行业范围，为全面实现营改增奠定了基础。

(8) 2014年：《财政部 国家税务总局关于将铁路运输和邮政业纳入营业税改征增值税试点的通知》(财税〔2013〕106号)要求，自2014年1月1日起，在全国范围内开展铁路运输和邮政业营改增试点，此通知是营改增的基本行政法规。

(9) 2016年：以《财政部 国家税务总局关于全面推开营业税改征增值税试点的通知》(财税〔2016〕36号)为标志，在全国范围内将建筑业、房地产业、金融业、生活服务业全面纳入增值税征税范围。至此，三税并存的局面被彻底打破，被统一为增值税，实现了包括不动产在内的全链条抵扣。

(10) 2017年：全面营业税改增值税后，2017年11月19日发布的《国务院关于废止〈中华人民共和国营业税暂行条例〉和修改〈中华人民共和国增值税暂行条例〉的决定》(国务院令第691号)，全面取消了实施了60多年的营业税，同时对《增值税暂行条例》做出相应修改。在推动构建统一税制、完善抵扣链条、消除重复征税、有效减轻企业负担等方面起到了一举多得的重要作用。

(11) 2018年：为落实国务院常务会议决定精神，财政部、国家税务总局在2018年4月4日联合发布《关于调整增值税税率的通知》（财税〔2018〕32号），对税率进行了修改：纳税人发生增值税应税销售行为或者进口货物，原适用17%和11%税率的，税率分别调整为16%和10%，这是一次重大的增值税改革。

(12) 2019年：财政部、税务总局、海关总署联合发布《关于深化增值税改革有关政策的公告》，公告规定：自2019年4月1日起，增值税一般纳税人（以下简称"纳税人"）发生增值税应税销售行为或者进口货物，原适用16%税率的，税率调整为13%；原适用10%税率的，税率调整为9%，推进增值税实质性减税。

3.1.2　发票管理的发展沿革

(1) 1986年。1986年8月19日，财政部制定并颁布了《全国发票管理暂行办法》，提高了发票在经济活动和税收活动中的作用和地位。

(2) 1993年。为加强发票管理，保障国家税收收入，维护经济秩序，财政部根据《中华人民共和国税收征收管理法》于1993年12月23日发布并实施《中华人民共和国发票管理办法》（财政部令〔1993〕第6号），同时废止了财政部1986年发布的《全国发票管理暂行办法》和国家税务总局1991年发布的《关于对外商投资企业和外国企业发票管理的暂行规定》。办法出台后不久，国家税务总局配套出台了《中华人民共和国发票管理办法实施细则》（国税发〔1993〕157号），对发票管控、罚则等方面做了明确和详细的解释。

(3) 2011年。《中华人民共和国发票管理办法》实施以来，在税收征管方面发挥了积极的作用，但随着市场经济的发展，一些不法分子通过制造、销售、使用假发票牟取利益，扰乱市场秩序，而办法本身对这些不法行为处罚力度偏轻，难以有效惩处和制止发票违法行为。为此，依据《国务院关于修改〈中华人民共和国发票管理办法〉的决定》（国务院令第587号），对《中华人民共和国发票管理办法》重新修订，并于2011年2月1日公布和施行，同年配套的《中华人民共和国发票管理办法实施细则》（国家税务总局令第25号）同步施行。至此，发票管理制度的法律地位由部门规章上升为国务院行政法规。同时，以2011版《中华人民共和国发票管理办法》和《中华人民共和国发票管理办法实施细则》为蓝本，以后年度大致都是在此版基础上进行条款修改。

修订后的《中华人民共和国发票管理办法》进一步加大对发票违法行为的惩处力度，对虚开、伪造、变造、转让发票等违法行为的罚款上限由5万元提高为50万元，对违法所得一律没收；构成犯罪的，依法追究刑事责任；对违反发票管理规定2次以上或者情节严重的单位和个人，税务机关可以向社会公告，以发挥社会监督作用。税务机关按照《中华人民共和国税收征收管理法》的规定推广使用税控装置，并试点通过网络发票管理系统开具发票，可借此直接监控纳税人开具的发票联信息，不必再依赖记账联和存根联信息。这些手段对控制发票违法行为起到了积极作用。

(4) 2014年。《国家税务总局关于修改〈中华人民共和国发票管理办法实施细则〉的决定》（国家税务总局令第37号），将2011年发布的《中华人民共和国发票管理办法实施细则》（国家税务总局令第25号）的第五条修改为：用票单位可以书面向税务机关要求使用印有本单位名称的发票，税务机关依据《中华人民共和国发票管理办法》第十五条的规定,确认印有该单位名称发票的种类和数量。该决定自2015年3月1日起施行。《中华人民共和国发票管理办法实施细则》根据该决定做了相应修改,并重新公布。

(5) 2018年。2018年6月15日《国家税务总局关于修改部分税务部门规章的决定》(国家税务总局令第44号),对《中华人民共和国发票管理办法实施细则》进行重新修正,将《中华人民共和国发票管理办法实施细则》(国家税务总局令第25号、国家税务总局令第37号)第二条第二款中的"国家税务局、地方税务局"修改为"税务局";将第六条第一款、第七条第一款、第九条第一款、第二十三条、第二十五条、第三十条中的"省税务机关"修改为"省税务局",以适应税制改革的要求。

(6) 2019年。依据2019年3月2日发布的《国务院关于修改部分行政法规的决定》(国务院令第709号),将《中华人民共和国发票管理办法》第四条修改为:"国务院税务主管部门统一负责全国的发票管理工作。省、自治区、直辖市税务机关依据职责做好本行政区域内的发票管理工作。财政、审计、市场监督管理、公安等有关部门在各自的职责范围内,配合税务机关做好发票管理工作。"至此,扩大了对发票进行监督的机构范围。

发票制度建设的完善与否直接关系到税收能否及时上缴国库,我国虽已建立相对健全的发票管理制度,但发票违法,尤其是增值税专用发票的违法行为屡禁不止。即使《中华人民共和国刑法》第二百零五条、第二百零六条、第二百零七条、第二百零八条、第二百零九条将虚开、伪造、出售、购买增值税专用发票等行为上升为刑事犯罪并加以量刑,也仍有不法分子抱有侥幸心理、铤而走险。因此,完善的征收管理不能单靠"以票控税"手段,而应从税收源头获取有效信息源。"金税工程"正是借鉴国际先进经验,运用高科技手段并结合我国增值税管理实际设计的高科技管理系统。它标志着我国税收征管走上大数据时代，尤其是金税工程四期已基本建成面向各级税务机关进行税收经济分析、监控和预测的决策支持系统，彻底变革"以票控税"的传统模式，实现"信息管税"。

3.2 发票栏次

《国家税务总局关于启用新版增值税发票有关问题的公告》（国家税务总局公告2014年第43号）规定：增值税发票栏次在进行相应调整后包括"购买方"栏、"密码区"栏、"货物或应税劳务、服务名称"栏（含规格型号、单位、数量、单价、金额、税率、税额、价税合计）、"销售方：（章）"栏、"备注"栏及"收款人""审核""开票人"等信息。

3.2.1 "购买方"栏

（1）开具增值税专用发票。《国家税务总局关于进一步优化营改增纳税服务工作的通知》（税总发〔2016〕75号）规定：增值税纳税人购买货物、劳务、服务、无形资产或不动产，索取增值税专用发票时，必须向销售方提供购买方名称（不得为自然人）、纳税人识别号、地址电话、开户行及账号信息共4项信息。

（2）开具增值税普通发票且购买方为个体消费者。《国家税务总局关于进一步优化营改增纳税服务工作的通知》（税总发〔2016〕75号）规定：索取发票时，不需要向销售方提供纳税人识别号、地址电话、开户行及账号信息，也不需要提供相关证件或其他证明材料，对是否提供名称未做具体要求，可根据实际需要填写。

（3）开具增值税普通发票且购买方为企业。《国家税务总局关于增值税发票开具有关问题的公告》（国家税务总局公告2017年第16号）规定：自2017年7月1日起，索取发票时应向销售方提供纳税人识别号或统一社会信用代码，即购买方的名称、纳税人识别号或统一社会信用代码为必填项。不符合规定的发票不得作为税收凭证（如计税、退税、抵免）。

> **阅读延伸3-1　"纳税人识别号"栏的填写**
>
> 1. 国家税务总局公告2017年第16号第一条规定：本公告所称企业，包括公司、非公司制企业法人、企业分支机构、个人独资企业、合伙企业和其他企业。因此，政府机构、事业单位、社会团队等非企业性质以及境外单位不适用此条款，无需填写"纳税人识别号"。
>
> 2. 通用机打发票（卷式）上没有"购买方纳税人识别号"栏的，不适用国家税务总局公告2017年第16号规定，如机打出租车发票、机打停车费发票等无需填写"纳税人识别号"；还有火车票、飞机票、过路过桥费及定额发票，因发票票面上没有"纳税人识别号"栏，故无需填写。
>
> 3. 国家税务总局公告2017年第16号仅适用于通过增值税税控开票系统开具的增值税普通发票，对于使用印有企业名称发票的行业，如电商、成品油经销商等，可暂不填写购买方纳税人识别号，仍按企业现有方式开票。

3.2.2　"货物或应税劳务、服务名称"栏

（1）《国家税务总局关于增值税发票管理若干事项的公告》（国家税务总局公告2017年第45号）规定：自2018年1月1日

起,纳税人通过增值税发票管理新系统开具增值税发票(包括增值税专用发票、增值税普通发票、增值税电子普通发票)时,商品和服务税收分类编码对应的简称会自动显示并打印在发票票面"货物或应税劳务、服务名称"栏或"项目"栏中。

(2)该栏中的"金额"应填写不含税金额,开具发票时若不能准确换算不含税价,则可选择"含税金额"选项,开票系统会自动换算成不含税价。

3.2.3 "价税合计"栏

该栏由系统自动算出,不能人工修改。

3.2.4 其他栏次

"规格型号""单位""数量""单价"栏可按实际业务填写,无此项目可不填写;"开票人"栏为必填项,"收款人""复核人"可按实际需要填写;"销售方(章)栏"须加盖发票专用章。

阅读延伸3-2 "规格型号"栏等按实际业务填写

1. "规格型号""单位""数量""单价"栏可按实际业务填写,无此项目可不填写:假设某纳税人销售1台电梯,签订分期收款合同(首付款、进度款、质保金),而分期收款方式销售货物增值税纳税义务发生时间为书面合同约定的收款日期的当天,也就是说此笔业务电梯只有1台,单价只有1个,而开具的发票可能会有3张或2张(在实务中购买方可能会要求销售方在结算进度款时一次性开具质保金发票)。这样问题就来了,总不能将1台电梯拆分成0.5台或0.33台吧?

为此，2016年5月11日国家税务总局在回复中明确："规格、型号""单位""数量""单价"栏可按实际业务填写，无此项目可不填。

2. "开票人"栏为必填项，"收款人""复核人"可按实际需要填写：从会计基础工作规范出发，填制记账凭证时要求制单人、审核人、记账人及会计机构负责人印章或签字，主要目的是在实际操作中加强审核，同时明确责任，实质上是企业的一种内控管理手段，并非税法上的强制性要求。

至于发票是否合规，《中华人民共和国发票管理办法实施细则》第四条规定：发票的基本内容包括发票名称、发票代码、号码、联次及用途、客户名称、开户银行及账号、商品名称或经营项目、计量单位、数量、单价、大小金额、开票人、开票日期、开票单位（个人）名称（章）。

也就是说，"开票人"属于发票基本内容，开具发票时候必须填写完整。《中华人民共和国发票管理办法实施细则》中并没有强制性规定"复核人""收款人"一定要填写完整，所以填或不填都不影响发票的合规性要求。

3.2.5 "备注"栏

营改增之前，只有在折扣销售时，才要求将销售额和折扣额同时在"金额"栏中注明，如果仅在"备注"栏填写折扣金额，那么折扣额不得在销售额中扣减，至于其他经济业务类型可按实际需要填写。

营改增以后，各种发票得以统一，原先那些带有行业特点的发票种类被取消（如建筑业统一发票、货物运输发票等），因发票版面的有限性，一些具有行业特点的业务信息不能得到完全反映。此时，应信息披露的需求，发票"备注"栏应运而生。相关文件中的规定如下。

3.2.5.1 国家税务总局公告2016年第23号

《国家税务总局关于全面推开营业税改征增值税试点有关税收征收管理事项的公告》（国家税务总局公告2016年第23号）规定：提供建筑服务，纳税人自行开具或者税务机关代开增值税发票（包含专票和普票，下同）时，应在发票的"备注"栏注明建筑服务发生地县（市、区）名称及项目名称；企业在发生不动产租赁行为时自行开具或者税务机关代开的增值税发票也应在"备注"栏注明不动产的详细地址；在销售不动产时，企业应在发票"货物或应税劳务、服务名称"栏填写不动产名称及房屋产权证书号码（无房屋产权证书的可不填写），"单位"栏填写面积单位，"备注"栏注明不动产的详细地址；国税机关为跨县（市、区）提供不动产经营租赁服务、建筑服务的小规模纳税人（不包括其他个人）代开增值税发票时，在发票"备注"栏中自动打印"YD"字样。

3.2.5.2 国家税务总局公告2016年第51号

《国家税务总局关于保险机构代收车船税开具增值税发票问题的公告》（国家税务总局公告2016年51号）规定：保险机构作为车船税扣缴义务人，在代收车船税并开具增值税发票时，应在增值税发票"备注"栏中注明代收车船税税款信息。具体包括保险单号、税款所属期（详细至月）、代收车船税金额、滞纳金金额、金额合计等。该增值税发票可作为纳税人缴纳车船税及滞纳金的会计核算原始凭证。

3.2.5.3 国家税务总局公告2016年第53号

《国家税务总局关于营改增试点若干征管问题的公告》(国家税务总局公告2016年第53号)规定:单用途卡业务中,销售方与售卡方不是同一个纳税人的,销售方在收到售卡方结算的销售款时,应向售卡方开具增值税普通发票,并在"备注"栏注明"收到预付卡结算款",不得开具增值税专用发票。售卡方从销售方取得的增值税普通发票,作为其销售单用途卡或接受单用途卡充值取得预收资金不缴纳增值税的凭证,留存备查。

多用途商业预付卡业务同上,具体见国家税务总局公告2016年第53号的相关规定。

3.2.5.4 国家税务总局公告2015年第99号、国家税务总局公告2016年第45号等

为方便读者,这里对与发票"备注"栏相关的文件加以整理,如表3.1所示。

表3.1 "备注"栏信息汇总表

序号	业务类型	"备注"栏信息	文件依据
1	运输服务	开具发票时应将起运地、到达地、车种车号以及运输货物信息等内容填写在发票"备注"栏,内容较多时可另附清单	国家税务总局公告2015年第99号
2	代征印花	铁路运输企业受托代征的印花税款信息可填写在发票"备注"栏中,作为入账依据	国家税务总局公告2015年第99号

续表

序号	业务类型	"备注"栏信息	文件依据
3	差额征税	按照现行政策规定的适用差额征税办法缴纳增值税,且不得全额开具增值税发票的,可通过新系统中差额征税开票功能,在发票"备注"栏中自动打印"差额征税"字样	国家税务总局公告2016年第23号
4	建筑服务	"备注"栏要注明建筑服务发生地县(市、区)名称及项目名称	国家税务总局公告2016年第23号
5	销售不动产	"备注"栏填写不动产的详细地址	国家税务总局公告2016年第23号
6	出租不动产	"备注"栏注明不动产的详细地址	国家税务总局公告2016年第23号
7	异地代开	税务机关为跨县(市、区)提供不动产经营租赁服务、建筑服务的小规模纳税人(不包括其他个人)代开增值税发票时,在发票"备注"栏中自动打印"YD"字样	国家税务总局公告2016年第23号
8	个人保险代理	主管税务机关为个人保险代理人汇总代开增值税发票时,应在"备注"栏内注明"个人保险代理人汇总代开"字样	国家税务总局公告2016年第45号

续表

序号	业务类型	"备注"栏信息	文件依据
9	保险代收车船税	保险机构作为车船税扣缴义务人,在代收车船税并开具增值税发票时,应在增值税发票"备注"栏中注明代收车船税税款信息。具体包括:保险单号、税款所属期(详细至月)、代收车船税金额、滞纳金金额、金额合计等	国家税务总局公告2016年第51号
10	单/多用途商业预付卡	若销售方和售卡方纳税人不是同一个纳税人的,销售方在收到售卡方结算的销售款时,要向售卡方开具增值税普通发票,在"备注"栏注明"收到预付卡结算款",且不得开具增值税专用发票	国家税务总局公告2016年第53号
11	生产企业代办退税	"备注"栏内注明"代办退税专用",作为综合性服务企业代办退税的凭证	国家税务总局公告2017年第35号
12	网络平台物流代开专票	"备注"栏注明会员的纳税人名称、纳税人识别号、起运地、到达地、车种车号以及运输货物信息,内容较多时可另附清单	税总函〔2019〕405号

表3.1中的"备注"栏大多是在发票记录的基础上对经济业务做进一步注释,但第2项和第9项业务中的"备注"栏不仅是对经济业务信息的进一步披露,以及实现受托代征义务,还可作为纳税人缴纳印花税、车船税及滞纳金的会计核算原始凭证,即"备注"栏的金额可作为报销依据。

表3.1中的第4项业务中的"备注"栏是关于建筑服务发生地的备注说明，既涉及流转环节的进项税能否抵扣问题，也涉及土地增值税能否扣除问题。《国家税务总局关于营改增后土地增值税若干征管规定的公告》（国家税务总局公告2016年第70号）针对营改增后建筑安装工程费支出的发票确认问题还做了进一步规定：营改增后，土地增值税纳税人接受建筑安装服务取得的增值税发票，应按照《国家税务总局关于全面推开营业税改征增值税试点有关税收征收管理事项的公告》（国家税务总局公告2016年第23号）规定，在发票的"备注"栏注明建筑服务发生地县（市、区）名称及项目名称，否则不得计入土地增值税扣除项目金额。《国家税务总局关于印发〈土地增值税清算管理规程〉的通知》（国税发〔2009〕91号）规定：对纳税人分期开发项目或者同时开发多个项目的，有条件的地区主管税务机关可结合发票管理规定，对纳税人实施项目专用票据管理措施。营改增后，国家税务总局公告2016年第23号明确要求，提供建筑服务，纳税人自行开具或者税务机关代开增值税发票时，应在发票的"备注"栏注明建筑服务发生地县（市、区）名称及项目名称，此规定在营业税时期通过发票来管理项目成本的理念延续。

表3.1中的第10项业务中的"备注"栏若按规定注明了"收到预付卡结算款"字样，则售卡方这张发票的销售金额不用缴纳增值税。否则，就无法认定是售卡预付款，就须按规定计算缴纳增值税。

综上所述，按规定应在"备注"栏披露的经济业务信息而未备注的，不仅违反发票管理办法，还会给企业在增值税、所得税方面带来不必要的涉税风险和损失，甚至还直接影响企业计税成本的扣除（如土地增值税）。

国家税务总局公告2016年第53号中关于"预付卡"的相关规定，因其内容具有普遍性和特殊性，故进行详细介绍。

3.2.5.5 预付卡业务

1. 预付卡业务开票

预付卡业务在企业日常经营活动中的应用非常普遍，因为它同时涉及发卡者、货物和服务的销售者、消费者三重关系（有时还要加上售卡者，构成四重关系），所以具有区别一般业务的特殊性。售卡者在售卡时取得收入，往往需要开具发票，但此时货物和服务销售并未实现；当持卡者持卡消费时，货物和服务的销售者并不能从消费者手中取得收入，而是定期与发卡者或售卡者结算（一般情况）。因此，在发票开具、销售收入确认、纳税义务发生时间、增值税抵扣等方面出现了诸多难点和困惑，《国家税务总局关于营改增试点若干征管问题的公告》（国家税务总局公告2016年第53号）正是在此背景下出台的。原文节选如下：

> 三、单用途商业预付卡（以下简称"单用途卡"）业务按照以下规定执行：
>
> （一）单用途卡发卡企业或者售卡企业（以下简称"售卡方"）销售单用途卡，或者接受单用途卡持卡人充值取得的预收资金，不缴纳增值税。售卡方可按照本公告第九条的规定，向购卡人、充值人开具增值税普通发票，不得开具增值税专用发票。
>
> 单用途卡，是指发卡企业按照国家有关规定发行的，仅限于在本企业、本企业所属集团或者同一品牌特许经营体系内兑付货物或者服务的预付凭证。
>
> 发卡企业，是指按照国家有关规定发行单用途卡的企业。售卡企业，是指集团发卡企业或者品牌发卡企业指定

的,承担单用途卡销售、充值、挂失、换卡、退卡等相关业务的本集团或同一品牌特许经营体系内的企业。

(二)售卡方因发行或者销售单用途卡并办理相关资金收付结算业务取得的手续费、结算费、服务费、管理费等收入,应按照现行规定缴纳增值税。

(三)持卡人使用单用途卡购买货物或服务时,货物或者服务的销售方应按照现行规定缴纳增值税,且不得向持卡人开具增值税发票。

(四)销售方与售卡方不是同一个纳税人的,销售方在收到售卡方结算的销售款时,应向售卡方开具增值税普通发票,并在"备注"栏注明"收到预付卡结算款",不得开具增值税专用发票。

售卡方从销售方取得的增值税普通发票,作为其销售单用途卡或接受单用途卡充值取得预收资金不缴纳增值税的凭证,留存备查。

四、支付机构预付卡(以下称"多用途卡")业务按照以下规定执行:

(一)支付机构销售多用途卡取得的等值人民币资金,或者接受多用途卡持卡人充值取得的充值资金,不缴纳增值税。支付机构可按照本公告第九条的规定,向购卡人、充值人开具增值税普通发票,不得开具增值税专用发票。

支付机构,是指取得中国人民银行核发的《支付业务许可证》,获准办理"预付卡发行与受理"业务的发卡机构和获准办理"预付卡受理"业务的受理机构。

多用途卡,是指发卡机构以特定载体和形式发行的,可在发卡机构之外购买货物或服务的预付价值。

(二)支付机构因发行或者受理多用途卡并办理相关资金收付结算业务取得的手续费、结算费、服务费、管理费等收入，应按照现行规定缴纳增值税。

（三）持卡人使用多用途卡，向与支付机构签署合作协议的特约商户购买货物或服务，特约商户应按照现行规定缴纳增值税，且不得向持卡人开具增值税发票。

（四）特约商户收到支付机构结算的销售款时，应向支付机构开具增值税普通发票，并在"备注"栏注明"收到预付卡结算款"，不得开具增值税专用发票。

支付机构从特约商户取得的增值税普通发票，作为其销售多用途卡或接受多用途卡充值取得预收资金不缴纳增值税的凭证，留存备查。

综上，预付卡业务在不同环节的业务特征如表3.2所示。

表3.2 预付卡业务

预付卡业务	发卡或充值环节	实际消费环节	结算环节
单用途卡/多用途卡	不征税,可开具增值税普通发票	征税,不得开具发票	不征税,可开具增值税普通发票并在"备注"栏注明"收到预付卡结算款"

由表3.2可知，购卡人与实际消费者在整个环节中只能取得一次增值税普通发票，即在购卡环节取得编码为"未发生销售行为的不征税项目"下设"601预付卡销售和充值"的增值税普通发票，发票"税率"栏应填写"不征税"，有效地规避了售卡方根据购卡方的要求开具各种税目的发票。

另外，国家税务总局公告2016年第53号第三条第一款中的单用途卡的发卡企业，是指按照国家有关规定发行单用途卡的企业。其中"按照国家有关规定"详见《单用途商业预付卡管理办法（试行）》（中华人民共和国商务部令2012年第9号）（以下简称《管理办法》）。

《管理办法》明确了单用途商业预付卡的发行主体是从事零售业、住宿和餐饮业、居民服务业三个特定行业的企业法人，且《管理办法》拟定了分类表，在分类表以外的行业不适用本《管理办法》，如教育、旅游、健身类企业和个体工商户等。为细化管理，《管理办法》将发卡企业详细划分为规模发卡企业、集团发卡企业、品牌发卡企业和其他发卡企业四类。同时，《管理办法》规定：预付卡发行实行备案制，旨在体现行政制度改革精神，转变工作方式，减少行政审批，重在过程管理，有利于建立发卡企业自我约束的长效机制，促进规范发展。

2. 预付卡业务税务分析

（1）进项税额抵扣问题。国家税务总局公告2016年第53号规定：企业购买预付卡，仅能从发卡方或售卡方取得增值税普通发票，且持卡消费时，销售方或特约商户不得再向持卡人开具增值税发票，即整个购卡与消费环节无法取得增值税专用发票，这就意味着购卡款项无法抵扣进项税。

（2）企业所得税前扣除问题。国家税务总局公告2016年第53号规定：在发卡或充值环节可开具增值税普通发票，在实际消费环节不得开具发票，主要是为了避免重复取得发票，但并不影响企业所得税前扣除。

（3）实务操作问题。一般纳税人企业在将预付卡用于生产经营用途时，因为办理预付卡不能取得增值税专用发票，所以建议企业最好不要采用预付卡方式购买材料或办公用品等，以免造成不必要的可抵扣进项税额的浪费。

企业购预付卡作为员工节日福利或用于交际应酬等，用途明确，在预付卡发放时即已经完成了实际消费，在此环节凭据发票、企业内部凭证（如发放明细表），按规定予以企业所得税前扣除。

企业购预付卡以备日常自用，在购买环节因用途不明确，故只有在持卡实际消费环节方可按相关规定予以企业所得税前扣除。

3. 预付卡业务涉税风险

（1）实名制购买预付卡，"金税系统"会在第一时间监控到企业购买了购物卡，容易引发预警评估。

（2）购买的预付卡作为福利费发放给员工，存在代扣代缴个人所得税的风险。

（3）购买的预付卡作为日常备用，该项费用并未实际发生，存在企业所得税时间性差异调整的问题。

（4）购买的预付卡若用来送礼，则涉嫌商业贿赂，存在行贿受贿的风险。

4. 预付卡业务账务处理

（1）企业购买预付卡时的会计分录。企业购卡后取得"品名：预付卡销售和充值""税率栏：不征税"的普通发票，未发放或消费的预付卡，暂时不得进行企业所得税前扣除，建议按照"预付账款"科目进行明细核算：

借：预付账款——预付卡（×××单位）

贷：银行存款

（2）企业持卡消费或发放预付卡时的会计分录。在发放或消费环节凭内、外凭证，证明预付卡所有权已发生转移，根据使用用途进行归类，按照《中华人民共和国企业所得税法》（以下简称《企业所得税法》）的规定进行税前扣除：

借：管理费用、固定资产等（根据实际费用、成本、资产等类别来列支科目）

贷：预付账款——预付卡（×××单位）

此环节因不能取得增值税发票，故只能以其他能够证明业务发生的凭证入账，具体如下：

① 预付卡用于生产经营时，凭购卡发票复印件、购物清单及企业内部凭证（如入库单）入账；

② 预付卡用于职工福利时，凭购卡发票复印件、购物清单、领卡签名记录、代扣代缴个人所得税凭据（应合并到职工工资薪金中代扣代缴个税)等入账；

③ 预付卡用于销售费用或业务招待时，凭购卡发票复印件、购物清单、证明业务真实性的企业内部凭证（如营销活动方案、业务招待审批表）入账。

5. 预付卡业务与发售加油卡

（1）政策依据不同。发售加油卡业务适用《成品油零售加油站增值税征收管理办法》（国家税务总局令第2号），而预付卡充值业务适用《国家税务总局关于营改增试点若干征管问题的公告》（国家税务总局公告2016年第53号）。

（2）纳税人性质不同。国家税务总局令第2号规定：加油站一律按规定认定为增值税一般纳税人，而预付卡业务的纳税人没有此项强制规定。

（3）发票开具不同。发售加油卡业务适用国家税务总局令第2号的第十二条规定：发售加油卡、加油凭证销售成品油的纳税人在售卖加油卡、加油凭证时，应按预收账款方法做相关账务处理，不征收增值税，开具普通发票。若购油单位要求开具增值税专用发票，则销售方待用户凭卡或加油凭证加油后，根据加油卡或加油凭证回笼记录，向购油单位开具增值税专用发票。而预付卡业务适用国家税务总局公告2016年第53号的规定，整个业务过程中不得开具增值税专用发票。

3.3 发票开具

（1）发生增值税纳税义务时应当按照规定的时限、顺序，逐栏，全部联次一次性如实开具或一次性打印，要求项目准确无误、与实际交易相符、字迹清楚、不得压线、错格、涂改，不符合规定的发票不得作为财务报销凭证，任何单位和个人有权拒收。

（2）购置物品或接受劳务时，销售方汇总开具专用发票必须同时提供防伪税控系统开具的"销售货物或者提供应税劳务清单"（清单须列示规格型号、数量、单价、金额、对应发票号码等），并加盖发票专用章，否则不予抵扣进项税额；购买的商品种类较多时，销售方汇总开具增值税普通发票，购买方可将汇总开具的增值税普通发票以及购物清单或小票作为税收及会计凭证。

（3）营改增后小规模企业开具增值税专用发票。随着营改增的全面推行，增值税发票的运用已涉及经济业务的方方面面，为保证增值税抵扣链条的完整性，针对小规模企业的增值税专用发票开具问题，自2016年全面营改增以来国家税务总局连续出台了多项发票管理措施和政策，具体如下：

① 2016年3月，《国家税务总局关于营业税改征增值税委托地税局代征税款和代开增值税发票的通知》（税总函〔2016〕145号）针对营改增后地税机关代征部分项目如何代开发票做出规定：增值税小规模纳税人销售其取得的不动产以及其他个人出租不动产，购买方或承租方不属于其他个人的，纳税人缴纳增值税后可以向地税局申请代开增值税专用发票。不能自开增值税普通发票的小规模纳税人销售其取得的不动产，以及其他

个人出租不动产，可以向地税局申请代开增值税普通发票。

该文件中涉及的地税机关的名称和工作职责，《国家税务总局关于修改部分税收规范性文件的公告》（国家税务总局公告2018年第31号）修改了税收规范文件共193件，其中一件就是关于机构名称的调整，如将"国家税务局""国税局""地方税务局""地税局"修改为"税务局"，将"国税机关""地税机关"修改为"税务机关"。

同时，《国家税务总局关于做好国税地税征管体制改革过渡期有关税收征管工作的通知》（税总发〔2018〕68号）规定：国税地税征管体制改革工作部署，各级新税务机构挂牌至"三定"规定落实到位前的改革过渡期，原国税、地税机关按原有职责协同办理税费征管业务，统一以新机构名称对外执法和服务，确保税务机构改革和各项税收征管工作平稳有序推进，确保不断提升纳税人的办税体验。该通知中关于税务机关的工作职责以及机构名称修改的内容这里不再赘述。

② 2017年3月，《国家税务总局关于开展鉴证咨询业增值税小规模纳税人自开增值税专用发票试点工作有关事项的公告》（国家税务总局公告2017年第4号）规定：自2017年3月1日起，月销售额超过3万元（或季销售额超过9万元）的鉴证咨询业增值税小规模纳税人可自行开具增值税专用发票。

③ 2017年4月，《国家税务总局关于进一步明确营改增有关征管问题的公告》（国家税务总局公告2017年第11号）规定：纳税人2016年5月1日前发生的营业税涉税业务，需要补开发票的，可于2017年12月31日前开具增值税普通发票；自2017年6月1日起，月销售额超过3万元（或季销售额超过9万元）的建筑业增值税小规模纳税人提供建筑服务、销售货物或发生其他增值税应税行为，可自行开具增值税专用发票。

④ 2017年12月，《国家税务总局关于增值税发票管理若干

事项的公告》（国家税务总局公告2017年第45号）规定：为扩大增值税小规模纳税人自行开具增值税专用发票试点范围，自2018年2月1日起，月销售额超过3万元（或季销售额超过9万元）的工业以及信息传输、软件和信息技术服务业增值税小规模纳税人发生增值税应税行为，需要开具增值税专用发票的，可以通过增值税发票管理新系统自行开具。

⑤2019年3月，《国家税务总局关于扩大小规模纳税人自行开具增值税专用发票试点范围等事项的公告》（国家税务总局公告2019年第8号）规定：自2019年3月1日起，扩大小规模纳税人自行开具增值税专用发票试点范围。将小规模纳税人自行开具增值税专用发票试点范围由住宿业，鉴证咨询业，建筑业，工业，信息传输、软件和信息技术服务业，扩大至租赁和商务服务业，科学研究和技术服务业，居民服务、修理和其他服务业。上述8个行业小规模纳税人（以下称"试点纳税人"）发生增值税应税行为，需要开具增值税专用发票的，可以自愿使用增值税发票管理系统自行开具。试点纳税人销售其取得的不动产，需要开具增值税专用发票的，应当按照有关规定向税务机关申请代开。

⑥2019年8月，国家税务总局发布《国家税务总局关于实施第二批便民办税缴费新举措的通知》（税总函〔2019〕243号），全面推行小规模纳税人自行开具增值税专用发票。国家税务总局进一步扩大小规模纳税人自行开具增值税专用发票范围，小规模纳税人（其他个人除外）发生增值税应税行为，需要开具增值税专用发票的，可以自愿使用增值税发票管理系统自行开具。

综上所述，营改增后，国家税务总局开展了小规模纳税人自行开具增值税专用发票试点工作，先后将住宿业，鉴证咨询业，建筑业，工业，信息传输、软件和信息技术服务业，租赁和商务服务业，科学研究和技术服务业，居民服务、修理和其他服务业等行业纳入试点范围。随着试点工作的良好运行，为了进一步促进国民经济中占绝对主导地位的中小微企业的发展，税总函〔2019〕243号规定：小规模纳税人（其他个人除外）发生增值税应税行为，需要开具增值税专用发票的，可以自愿使用增值税发票管理系统自行开具。至此，所有小规模纳税人均可以自愿使用增值税发票管理系统自行开具增值税专用发票，且不再受月销售额标准的限制，进一步方便小规模纳税人开具增值税专用发票，有效地释放了市场经济的活力。

按照上述规定，并不意味着小规模纳税人只要发生增值税应税行为，都可以使用增值税发票管理系统自行开具增值税专用发票。不能开具增值税专用发票的具体情形如下：

（1）《国家税务总局关于增值税简易征收政策有关管理问题的通知》（国税函〔2009〕90号）规定：小规模纳税人销售自己使用过的固定资产，应开具普通发票；纳税人销售旧货，应开具普通发票。

（2）财税〔2016〕36号文附件1《营业税改征增值税试点实施办法》规定的不得开具增值税专用发票的情形包括：

① 纳税人会计核算不健全，或者不能够提供准确税务资料的；

② 向消费者个人销售服务、无形资产或者不动产；

③ 纳税人的应税行为免征增值税；

④ 纳税人金融商品转让。

（3）《国家税务总局关于修订〈增值税专用发票使用规定〉的通知》（国税发〔2006〕156号）规定：商业企业一般纳税人零售的烟、酒、食品、服装、鞋帽（不包括劳保专用部分）、化妆品等消费品不得开具专用发票。

（4）《国家税务总局关于扩大小规模纳税人自行开具增值税专用发票试点范围等事项的公告》（国家税务总局公告2019年第8号）规定：试点（小规模）纳税人销售其取得的不动产，需要开具增值税专用发票的，应当按照有关规定向税务机关申请代开。而《国家税务总局关于实施第二批便民办税缴费新举措的通知》（税总函〔2019〕243号）发布后，并没有同时将《国家税务总局关于扩大小规模纳税人自行开具增值税专用发票试点范围等事项的公告》（国家税务总局公告2019年第8号）废止。也就是说小规模纳税人销售其取得的不动产，需要开具增值税专用发票的，应当按照有关规定向税务机关申请代开。

3.4 发票印章

（1）《中华人民共和国发票管理办法实施细则》规定：单位和个人在开具发票时，必须做到按照号码顺序填开，填写项目齐全，内容真实，字迹清楚，全部联次一次打印，内容完全一致，并在发票联和抵扣联加盖发票专用章。但是，从事机动车零售业务的单位和个人，抵扣联和报税联不得加盖印章，详见《国家税务总局关于使用新版机动车销售统一发票有关问题的通知》（国税函〔2006〕479号）。

（2）《国家税务总局关于推行通过增值税电子发票系统开具的增值税电子普通发票有关问题的公告》（国家税务总局公告2015年第84号）规定：增值税电子普通发票的开票方和受票方需要纸质发票的，可以自行打印增值税电子普通发票的版式文件，其法律效力、基本用途、基本使用规定等与税务机关监制的增值税普通发票相同。电子发票上有税控签名和企业电子签章，不需要另外找开票单位再加盖发票专用章。

(3) 关于代开发票,《增值税发票开具指南》规定：增值税纳税人应在代开增值税专用发票的"备注"栏上，加盖本单位的发票专用章。税务机关在代开增值税普通发票以及为其他个人代开增值税专用发票的"备注"栏上，加盖税务机关代开发票专用章。

阅读延伸3-3　关于代开发票的印章问题

《增值税暂行条例》规定：在中华人民共和国境内销售货物或者加工、修理修配劳务(以下简称"劳务")，销售服务、无形资产、不动产以及进口货物的单位和个人，为增值税的纳税人，应当依照本条例缴纳增值税。

财税〔2016〕36号文附件1《营业税改征增值税试点实施办法》(以下简称《实施办法》)规定：单位是指企业、行政单位、事业单位、军事单位、社会团体及其他单位。个人是指个体工商户和其他个人。

《实施办法》明确规定"个人是指个体工商户和其他个人"，依据《中华人民共和国税收征收管理法》，其中的个体工商户指的是从事商品经营或者营利性服务的个人，其他个人指的是因有临时行为而依法规规定成为纳税人的自然人。

代开增值税专用发票的对象通常是单位，单位作为纳税人当然会有"财务专用章"或者"发票专用章"。因此,《增值税发票开具指南》才会对此做出"增值税纳税人应在代开增值税专用发票的'备注'栏上，加盖本单位的发票专用章(为其他个人代开的特殊情况除外)"的明确表述。为其他个人代开增值税专用发票的对象一般是指自然人，这些其他个人（即自然人）无法或无需刻制发票专用章，所以机械地遵循加盖发票专用章是不现实的，可以通过加盖税务部门的代开发票专用章来使票面信息完整（代开普通发票的印章问题等同处理）。

3.5 发票遗失

经办人员取得的原始单据（这里包括但不限于发票或事业性收据），因保管不善而被盗、遗失，原则上不予报销。但能提供相关证明或有效证据、经法定程序认定的除外，具体如下。

3.5.1 关于增值税专用发票遗失处理

（1）《国家税务总局关于被盗、丢失增值税专用发票有关问题的公告》（国家税务总局公告2016年第50号）规定：增值税专用发票发生被盗、丢失不必统一在《中国税务报》上刊登"遗失声明"。同时，《中华人民共和国发票管理办法实施细则》第三十一条规定：使用发票的单位和个人应当妥善保管发票，发生发票丢失情形时，应当于发现丢失当日书面报告税务机关，并登报声明作废。

依据上述两个文件，当纳税人发现被盗、丢失增值税专用发票时，首先应当于发现丢失当日书面报告税务机关，并在有刊号的报纸上登报声明作废，不必一定要在《中国税务报》上刊登。

而《国家税务总局关于公布取消一批税务证明事项以及废止和修改部分规章规范性文件的决定》（国家税务总局令第48号）第二条中删去《中华人民共和国发票管理办法实施细则》（国家税务总局令第25号，国家税务总局令第37号修改、第44

号修改)第三十一条中的"并登报声明作废"。

至此,发票丢失的处理随着发票信息化管理的推进,处理方式已经越来越简便。那么新规定后,发票遗失后是否无需报告处理呢?

《中华人民共和国发票管理办法实施细则》(国家税务总局令第25号,国家税务总局令第37号修改、第44号修改、第48号修改)第三十一条规定:使用发票的单位和个人发生发票丢失情形时,应当于发现丢失当日书面报告税务机关。因此,"不再登报声明作废"并不能等同于"不做发票遗失报告"。

(2)为简化丢失专用发票的处理流程,《国家税务总局关于简化增值税发票领用和使用程序有关问题的公告》(国家税务总局公告2014年第19号)第三条对《增值税专用发票使用规定》的第二十八条进行修订:一般纳税人丢失已开具专用发票的发票联和抵扣联,如果丢失前已认证相符的,则购买方可将销售方提供的相应专用发票记账联复印件及销售方主管税务机关出具的《丢失增值税专用发票已报税证明单》或《丢失货物运输业增值税专用发票已报税证明单》(以下简称《证明单》),作为增值税进项税额的抵扣凭证(原条文需要经购买方主管税务机关审核同意);如果丢失前未认证的,购买方凭销售方提供的相应专用发票记账联复印件进行认证,认证相符的可将专用发票记账联复印件及销售方主管税务机关出具的《证明单》,作为增值税进项税额的抵扣凭证。专用发票记账联复印件和《证明单》留存备查;一般纳税人丢失已开具专用发票的抵扣联,如果丢失前已认证相符的,可使用专用发票发票联复印件留存备查;如果丢失前未认证的,可使用专用发票发票联认证,专用发票发票联复印件留存备查;一般纳税人丢失已开具专用发票的发票联,可将专用发票抵扣联作为记账凭证,专用发票抵扣联复印件留存备查。

然而，在《全国税务机关纳税服务规范》3.0版中已删除"一般纳税人丢失专用发票已报税证明单开具"事项。即自2019年11月1日起，丢失增值税专用发票的纳税人无需开具《丢失增值税专用发票已报税证明》，销货方纳税人已上传发票明细数据的，购货方纳税人可凭专用发票记账联复印件直接勾选抵扣或扫描认证；销货方无需再向主管税务机关申请开具证明。

需要说明的是，目前国家税务总局公告2014年第19号只是第三条作废，即该文件中关于销货方向主管税务机关申请开具证明的规定不再执行，但是关于资料留存的规定依然有效。

阅读延伸3-4　关于增值税专票丢失的实务处理

　　增值税专用发票丢失分为三种情况：一是发票联和抵扣联同时丢失；二是发票联丢失；三是抵扣联丢失。对于发票联和抵扣联同时丢失的情况，税务机关从国家税源控制的角度考虑，国家税务总局公告2014年第19号规定应提供《丢失增值税专用发票已报税证明单》，以防止税源流失。而《全国税务机关纳税服务规范》3.0版已取消此规定，只要销货方纳税人已上传发票明细数据，大数据系统能明确企业已报税，只需向销货方取得专用发票记账联复印件直接勾选抵扣并入账。针对另外两种情况，因购货方手上还存有一联票据，故复印后按常规程序处理即可。

3.5.2　关于普通发票遗失处理

增值税是通过进项抵扣将各环节串联在一起的，各个环节不能脱节。所以相对于普通发票来说，增值税专用发票的管理比较严谨，为此，税务机关出台了《增值税专用发票管理办法》，以专门规范增值税专用发票的购买、使用和管理。若增值税专用发票丢失，则有相应的法规可遵循，而普通发票的丢失，目前国家还没有相应的法规来进行管理，各地税务机关在执行过程中的管理方法也不尽相同。例如，有的地方规定以税务机关认定过的发票复印件来入账，还有的地方规定要开具红字发票，然后再开具新发票。因此，如果纳税人发生了丢失普通发票的情形，则需要征询当地税务机关，根据其具体规定来进行处理。

3.5.3 关于会计规范对票据遗失处理

《财政部〈会计基础工作规范〉(2019年修订)》(中华人民共和国财政部令第98号)第五十五条规定：会计机构、会计人员要妥善保管会计凭证……从外单位取得的原始凭证如有遗失，应当取得原开出单位盖有公章的证明，并注明原来凭证的号码、金额和内容等，由经办单位会计机构负责人、会计主管人员和单位领导人批准后，才能代作原始凭证。如果确实无法取得证明的，如火车、轮船、飞机票等凭证，由当事人写出详细情况，由经办单位会计机构负责人、会计主管人员和单位领导人批准后，代作原始凭证。

> **阅读延伸3-5 关于普通发票遗失的实务处理**
>
> 　　关于普通发票遗失虽然没有明确的税收法规约束，但在实际操作中建议首先书面报告税务机关，再参照《会计基础工作规范》向开具发票方请求协助，让开具发票方提供所丢失发票的记账联复印件，在复印件上注明"此复印件由我单位提供，与原件所载信息相符"，并加盖开票方公章，可作为原始凭证报销入账。

3.6　电子发票

（1）《国家税务总局关于推行通过增值税电子发票系统开具的增值税电子普通发票有关问题的公告》（国家税务总局公告2015年第84号）规定：增值税电子普通发票的开票方和受票方需要纸质发票的，可以自行打印增值税电子普通发票的版式文件，其法律效力、基本用途、基本使用规定等与国税机关监制的增值税普通发票相同。

《国家税务总局关于增值税发票综合服务平台等事项的公告》（国家税务总局公告2020年第1号）第二条规定：纳税人通过增值税电子发票公共服务平台开具的增值税电子普通发票（票样见附件），属于税务机关监制的发票，采用电子签名代替发票专用章，其法律效力、基本用途、基本使用规定等与增值税普通发票相同。这里的"电子签名代替发票专用章"是对国家税务总局公告2015年第84号的补充规定。

（2）新修订的《会计档案管理办法》（财政部　国家档案局第79号令）规定：符合条件的电子发票，可仅以电子形式保存，形成电子会计档案。

《财政部　国家档案局关于规范电子会计凭证报销入账归档的通知》（财会〔2020〕6号）第三条规定如下：

> 除法律和行政法规另有规定外，同时满足下列条件的，单位可以仅使用电子会计凭证进行报销入账归档：
> （一）接收的电子会计凭证经查验合法、真实；
> （二）电子会计凭证的传输、存储安全、可靠，对电子会计凭证的任何篡改能够及时被发现；

（三）使用的会计核算系统能够准确、完整、有效接收和读取电子会计凭证及其元数据，能够按照国家统一的会计制度完成会计核算业务，能够按照国家档案行政管理部门规定格式输出电子会计凭证及其元数据，设定了经办、审核、审批等必要的审签程序，且能有效防止电子会计凭证重复入账；

（四）电子会计凭证的归档及管理符合《会计档案管理办法》(财政部 国家档案局第79号令)等要求。

《国家档案局办公室、财政部办公厅、商务部办公厅、国家税务总局办公厅进一步扩大增值税电子发票电子化报销、入账、归档试点工作的通知》（档办发〔2021〕1号）规定，符合条件的试点单位可参加财政部电子发票入账数据标准和财务报表数据标准试点，通过开展增值税电子发票电子化报销、入账、归档的试点工作，加快增值税电子发票的应用和推广实施。

上述三个文件表明，关于电子会计档案管理是一个渐进的过程。企业适时规范电子会计凭证，是会计工作和档案工作适应电子商务、电子政务发展的需要，对节约社会资源、促进大数据库形成等具有重要意义。

第4讲　报销单据管理

保存整齐美观的原始资料既是规范会计工作的基础，也是会计档案管理的需要。

4.1　报销单据粘贴

（1）报销经办人对原始单据进行分类整理，分别粘贴或归类粘贴，如办公费、交通费、小车使用费等。一是利于审核，二是利于会计分录的编制。

（2）报销经办人对原始单据进行修剪，去掉装订线外的毛边等，使原始单据美观整齐、便于装订。

（3）报销单据、会计凭证等可统一使用A5纸（A4纸一半大小），这样能减少纸张的折叠。

（4）企业可按A5纸的规格自制粘贴单，报销经办人将分类整理的原始单据正面向上、沿粘贴单依次均匀粘贴，原始单据不得超出粘贴单边缘，更不得将原始单据集中贴在粘贴单中间。

① 原始单据较多时，建议沿粘贴单自右向左依次横向均匀粘贴，且尽量将票面金额相等、纸张大小相同的原始单据归类粘贴，同时在粘贴单左上角预留装订区。

② 原始单据不多时，建议沿粘贴单自左向右依次横向或纵向均匀粘贴，且在左上角预留装订区。

4.2 报销单据填写

(1) 报销经办人准确填列报销人、收款人的姓名/名称、收款方账户信息、报销金额（大小写必须一致），且报销单据封面及所有原始单证不得涂改。

(2) 报销经办人必须用钢笔或黑色水笔填写报销单据，不得违反《会计档案管理办法》规定，使用铅笔、圆珠笔、红笔填写。已实现ERP信息化系统管理的企业，可在系统里设置打印功能，报销经办人按规定填写并走完报销审批程序后直接打印出报销单据，从而令报销单据更整洁、美观。

> **阅读延伸4-1　　关于"收款人"签名**
> 在实际操作中，总经理级别以上人员可能会授权下属或秘书代办报销手续，为避免日后产生不必要的纠纷，建议："报销人"栏可填写代办人姓名，但"收款人"栏必须填写授权人本人姓名、银行账号等信息；如果以现金支付，则"收款人"栏必须由授权人自己签名。

实务篇

第5讲　办公费报销实务与税务管理

从业务的发起、过程管控、报销审核、原始单据提供等方面拟定操作标准，同时对重点业务的涉税问题进行分析并提出管理思路或方案，以建立标准化工作流程，提高全员的纳税意识。

办公费报销的共性审核点如下：
（1）审核购买方信息是否正确、印章是否正确；
（2）审核应该取得增值税专用发票的是否按规定取得（小规模企业不适用）；
（3）审核报销金额及书写是否正确；
（4）审核报销所附原始单据张数；
（5）审核报销签批流程是否完备。

5.1　日常办公费

本业务项目主要反映和核算常规性办公开支，具体包括采购办公用品、办公用茶等的费用。

（1）单笔业务金额<3 000元（这里为建议限额，具体金额按企业自身的管控要求设定，下述同理）：由经办部门（企业按自身的组织架构设置采购部门或归口某部门分管，下述同理）根据实际库存或各部门需求直接采购。

（2）3 000元≤单笔业务金额<10 000元：由需求部门书面申请，经批准后提交经办部门，经办部门进行三家询价，同时将询价的相关信息作为采购完成后的报销附件（采购日常耗用

的办公用品、办公用茶等可跟长期合作的优良供应商签订年度框架合同，所附清单价作为审核参照，无需三家询价信息）。

（3）10 000元＜单笔业务金额＜50 000元：由需求部门书面申请经批准后提交经办部门，经办部门须与三家以上供应商或厂商进行竞争性谈判，并将竞争性谈判信息作为采购完成后的报销附件，此限额内的采购业务可不强制要求签订合同，但对于牵涉维修、保养等维护企业权利的采购业务，则必须签订合同。

（4）单笔业务金额≥50 000元：具体操作同上述第（3）条，但此额度及以上的采购业务必须签订合同，以规范业务及付款流程。

（5）采购结束后，由经办部门会同物资管理部门（企业按自身的组织架构设置物资管理部门或归口某部门分管）根据购进实物及请购报告或合同约定共同验收，填制出、入库单并签字确认。

（6）财务部门审核：依据上述业务限额对经办部门提供的请购报告、询价记录、竞争性谈判记录、合同或其他书面资料进行审核；同时对出库单和入库单列示的规格型号、数量、单价与发票信息核对；对采购价格等信息进行随机回访并在被抽查业务的报销单据上记录抽查结果，以发挥会计的监督职能。

（7）办理报销时应附的原始单据：发票及有效清单（适用汇兑开具的发票，下述同理）、出库单和入库单（适用单笔业务金额＜3 000元）；发票及有效清单、出库单和入库单、请购报告及询价记录（适用3 000元≤单笔业务金额＜10 000元）；发票及有效清单、出库单和入库单、请购报告及竞争性谈判记录（适用10 000元≤单笔业务金额＜50 000元）；发票及有效清单、出库单和入库单、请购报告、竞争性谈判记录及合同（适用单笔业务金额≥50 000元）。

5.2 设施设备维保费

本业务项目主要反映和核算设施设备的维修费、保养费等。

（1）单笔业务金额＜10 000元（这里为建议限额，具体金额按企业自身的管控要求设定，下述同理）：经办部门（企业按自身的组织架构设置采购部门或归口某部门分管，下述同理）可根据实际需求或年度维保计划发起业务流程，服务方的选择须进行竞争性谈判，将谈判记录作为报销附件，同时签订维保合同。

（2）单笔业务金额≥10 000元：经办部门可根据实际需求或年度维保计划发起业务流程，对于服务方的选择须执行招投标流程（招投标流程由企业根据自身管理需求拟定），将招投标的开标评标记录作为报销附件，同时签订维保合同。

（3）对于服务合同续约或资质受限的单位，采购部门可选择直接委托方式，但直接委托须由经办部门提交申请并分析理由，经授权人或分管领导批准后执行。

（4）物资管理部门（企业按自身的组织架构设置物资管理部门或归口某部门分管）在服务发生时须旁站监督维保项目内容并作过程记录，服务结束后提交验收记录。

（5）财务部门审核：依据上述业务限额审核经办部门提供的合同及竞争性谈判记录、开标评标记录、直接委托批准报告，同时对验收记录内容与合同约定内容进行一一核对。

（6）办理报销时应附的原始单据：发票、验收记录、合同、谈判信息记录（适用竞争性谈判）；发票、验收记录、合同、评标信息记录（适用招投标）；发票、验收记录、合同、批准报告（适用直接委托）。

5.3 办公水、电业务费

5.3.1 办公水费、电费报销实务

本业务项目主要反映和核算办公用水费、电费。

(1) 水表、电表是企业自主开户的：由经办部门（企业按自身的组织架构可归口行政管理部门分管，下述同理）根据水表、电表的实际抄见数及水费、电费发票办理报销（托收业务同）。

(2) 水表、电表是企业租用的独立户头，且出租方作为应税项目开发票的：由经办部门根据水表、电表抄见数及发票等办理报销。

(3) 水表、电表是企业租用并与其他单位共用，出租方采取分摊方式的：由经办部门以实际缴费时取得的原始单据、出租方为抬头的发票复印件及加盖出租方印章的用量分配表办理报销。

(4) 水表、电表是企业租用，且为独立户头无需分摊的：由经办部门以实际缴费时取得的发票原件及水表、电表抄见数办理报销。

(5) 财务部门审核：根据上述业务类别分别审核，并关注期初基数与上期抄见数是否相符。

(6) 办理报销时应附的原始单据：发票及水表、电表抄见数（适用企业自主开户）；租赁合同，发票及水表、电表抄见数（适用租用、独立户头，且出租方作为应税项目开具发票）；租赁合同、出租方发票复印件及用量分配表（适用租用，且与其他单位共用）；租赁合同，出租方发票及水表、电表抄见数（适用租用、独立户头，且出租方不作为应税项目开具发票）。

5.3.2 办公水费、电费税务管理

关于租赁房屋或场地产生水费、电费的涉税问题将从增值税、企业所得税两个方面进行分析。

5.3.2.1 增值税方面

租赁房屋或场地很难取得自有户头的水表、电表,大多以出租方作为主体取得供水、供电部门开具的发票。营改增前,一般会要求经办部门取得出租方的水、电分配表及加盖印章的发票复印件作为报销附件,计入当期成本费用,在企业所得税汇算清缴时进行纳税调增,当时以发票复印件作为报销附件只是权宜之计。营改增后,出租方与承租方同为增值税纳税人,参照《安徽省国家税务局关于增值税若干问题的公告》(安徽省国家税务局公告2014年第9号)第二条规定:关于转供水电问题,增值税一般纳税人向其他单位或个人租赁房屋或场地,除收取租金外,因转供水、电单独向承租方收取水费、电费属于销售货物行为,应按水、电的适用税率计提销项税,可以向索取增值税专用发票的承租方(不包括个人)开具增值税专用发票。

实务中,若出租方为增值税一般纳税人,从供水、供电部门取得增值税专用发票后,按照"税随票走"的常规做法已将进项税抵扣,则此时承租方(个人除外)就有理由要求出租方开具增值税专用发票,以作为报销依据并进行进项抵扣。

> **阅读延伸5-1 关于《安徽省国家税务局关于增值税若干问题的公告》(安徽省国家税务局公告2014年第9号)的有效性**
>
> 《安徽省国家税务局关于公布全文失效废止部分条款失效废止的税收规范性文件目录的公告》(安徽省国

家税务局公告2017年第9号）只是废止安徽省国家税务局公告2014年第9号的第三条，即安徽省国家税务局公告2014年第9号的第二条继续有效。

5.3.2.2　企业所得税方面

《企业所得税税前扣除凭证管理办法》（国家税务总局公告2018年第28号）第十九条规定：企业租用（包括企业作为单一承租方租用）办公、生产用房等资产发生的水、电、燃气、冷气、暖气、通讯线路、有线电视、网络等费用，出租方作为应税项目开具发票的，企业以发票作为税前扣除凭证；出租方采取分摊方式的，企业以出租方开具的其他外部凭证作为税前扣除凭证。

此文件的出台解决了过去因承租房屋或场地而产生的水费、电费没法取得发票的难题。

5.4　保洁绿化费

5.4.1　绿化费报销实务

本业务项目主要反映和核算美化办公环境的绿化费。

（1）经办部门（企业按自身的组织架构设置采购部门或归口某部门分管，下述同理）可根据企业实际情况对绿化业务采取租赁或购买方式，如果采取一次性购买方式，则具体遵循5.1节相关要求，或直接采购，或三方询价，或竞争性谈判，或签订合同；如果采取租赁方式，则除遵循5.1节相关要求外，还必须签订合同，明确约定租期、标的额、定期维护等条款内容，同时附上绿植清单作为合同附件（清单列明绿植名称、棵数、单价等信息）。

（2）采取一次购买方式，在采购业务结束后，经办部门会同物资管理部门（企业按自身的组织架构设置物资管理部门或归口某部门分管，下述同理）根据请购报告或合同所附绿植清单进行实物验收，填制出库单和入库单并签字确认，以作为报销附件；采取租赁方式，由经办部门会同物资管理部门按合同所附绿值清单进行验收并签字确认，以作为报销附件。

（3）财务部门审核：采取购买方式的业务，依据业务限额对经办部门提供的请购报告、询价记录、竞争性谈判记录、合同或其他书面资料进行审核，同时关注询价记录或谈判记录中相关供方信息并随机抽查；采取租赁方式的业务，除前述外，在租期内的后续付款，物资管理部门在办理报销时还须提供绿植实地查验记录，如有蔫、死现象，应及时通知出租方更换或依据合同条款执行扣款。

（4）办理报销时应附的原始单据：采用一次性购买方式，经办部门须提供发票及有效清单（适用汇总开具的发票，下述同理）、出库单和入库单（适用单笔金额<3 000元）；发票及有效清单、出库单和入库单、申请报告及竞争性询价记录（适用3 000元≤单笔业务金额<10 000元）；发票及有效清单、出库单和入库单、申请报告及竞争性谈判记录（适用10 000元≤单笔业务金额<50 000元）；发票及有效清单、出库单和入库单、请购报告、竞争性谈判记录及合同（适用单笔业务金额≥50 000元）；采取租赁方式的，除参照前述采购方式外，合同及验收单为必需附件。

5.4.2 保洁费报销实务

本业务项目主要反映和核算美化办公环境的保洁费。

（1）办公室保洁可自行维护或外包给保洁企业，其中自行维护的保洁人员工资列入工资总额统一发放，其他日常保洁用品，如扫把、拖把、清洁剂等采购管控适用5.1节相关要求。

（2）如果保洁外包，则选择服务方之前的询价、竞争性谈判等过程管控除遵循5.1节外，不论标的额大小，都必须签订合同，以约定服务验收标准。

（3）保洁用品采取自购方式时，业务结束后经办部门（企业按自身的组织架构设置采购部门或归口某部门分管，下述同理）会同物资管理部门（企业按自身的组织架构设置物资管理部门或归口某部门分管，下述同理）根据请购报告或合同进行实物验收并填制出库单和入库单，以作为报销附件；采用保洁外包方式，在支付合同约定进度款时，物资管理部门须对照合同约定验收标准进行实地验收并在验收单上签字确认，以作为报销附件。

（4）财务部门审核：日常保洁用品采取购买方式的业务，应依据业务限额对经办部门提供的请购报告、询价记录、竞争性谈判记录、合同或其他书面资料进行审核，同时关注询价记录或谈判记录中相关供方信息并随机抽查；保洁外包业务的审核重点为合同约定的验收标准与实地验收单是否相符，否则执行合同处罚条款。

（5）办理报销时应附的原始单据：采用采购方式的，须提供发票及有效清单（适用汇总开具的发票，下述同理）、出库单和入库单（适用单笔业务金额<3 000元）；发票及有效清单、出库单和入库单、申请报告及询价记录（适用3 000元≤单笔业务金额<10 000元）；发票及有效清单、出库清单和入库单、申请报告及谈判记录（适用10 000元≤单笔业务金额<50 000元）、发票及有效清单、出库单和入库单、合同及竞争性谈判记录（适用单笔业务金额≥50 000元）。采取外包方式的，除参照

前述采购方式外，合同及验收单为必需附件。

5.5　诉讼费

本业务项目反映和核算因诉讼而产生的相关支出。

（1）如果发生起诉状况，则经办部门（企业按自身的组织架构设置专业部门或归口行政管理部门分管，下述同理）在获批准报告后才可办理预交诉讼费手续，取得法院开具的预收票据后，先行挂"往来明细"科目核算，不得直接报销入"损益"科目；如果发生应诉状况，则经办部门应在获批准报告后准备应诉资料。

（2）经办部门待诉讼终结取得法院的结算单后，将预收票据退还法院并更换结算单据，同时办理补退款手续。

（3）财务部门审核：根据实际业务的批准报告及判决书审核。

（4）办理报销时应附的原始单据：起诉或应诉批准报告、预交诉讼费票据（适用起诉或应诉发起时）；结算诉讼费单据及判决书（适用诉讼终结时）。

5.6　房屋租赁费

5.6.1　房屋租赁费报销实务

本业务项目反映和核算企业为员工租赁住房以及租赁办公室等支出。

（1）经办部门（企业按自身的组织架构可归口行政管理部门分管，下述同理）根据需求部门经批准的申请报告及以企业为主体与业主签订的租赁合同，取得对公发票并办理报销（业主不能提供发票时，须要求其提供房产证、业主身份证、租赁合同等相关资料，通过税务局代开）。

（2）经办部门或财务部门根据合同条款登记台账，记录合同标的额、合同期限、付款进度等信息，并定期（指月度）核对账表，以便付款审核时对照。

（3）财务部门审核：依据申请报告、合同、已付款记录（重点关注报销月数的连续性，以免重复报销）、有效票据审核。

（4）办理报销时应附的原始单据：申请报告、发票、租赁合同。

5.6.2 房屋租赁费税务管理

下面从房屋租赁业务的进项抵扣、个人所得税、企业所得税三个方面进行涉税分析。

5.6.2.1 企业为员工租赁房屋的进项税抵扣问题

《国家税务总局关于营业税改征增值税委托地税局代征税款和代开增值税发票的通知》（税总函〔2016〕145号）规定：增值税小规模纳税人销售其取得的不动产以及其他个人出租不动产，购买方或承租方不属于其他个人的，纳税人缴纳增值税后可以向地税局申请代开增值税专用发票。不能自开增值税普通发票的小规模纳税人销售其取得的不动产，以及其他个人出租不动产，可以向地税局申请代开增值税普通发票。地税局代开发票部门通过增值税发票管理新系统代开增值税发票，系统自动在发票上打印"代开"字样。

因此，其他个人出租不动产，承租方不是其他个人的，可以向税务机关代开增值税专用发票进行进项抵扣，这就解决了之前因其他个人不能代开增值税专用发票而导致纳税人从其他个人处租赁的房屋无法抵扣的问题。这里的"进项抵扣"是指房屋租赁为办公或生产经营之用,对于企业为员工租赁房屋取得的增值税专用发票,财税〔2016〕36号文附件2《营业税改征增值税试点有关事项的规定》规定:属用于集体福利或个人消费情形,相应购买或支付的进项税额不得抵扣或须做进项转出。

另外,财税〔2016〕36号文附件1《营业税改征增值税试点实施办法》规定:单位或者个体工商户为聘用的员工提供服务属于非经营活动,如提供班车接送服务、不动产租赁服务、餐饮服务等,均不属于应税行为,不征收增值税。

注:地税机关的工作职责以及机构名称修改的相关法规详见《国家税务总局关于修改部分税收规范性文件的公告》(国家税务总局公告2018年第31号)。

5.6.2.2 企业为员工租赁房屋代扣个人所得税问题

《中华人民共和国个人所得税法实施条例》(2018年国务院第707号令)(以下简称《个人所得税法实施条例》)第六条第一款规定:工资、薪金所得,是指个人因任职或者受雇而取得的工资、薪金、奖金、年终加薪、劳动分红、津贴、补贴以及与任职或者受雇有关的其他所得。同时第八条规定:个人所得的形式,包括现金、实物、有价证券和其他形式的经济利益。

依据上述法规,企业为员工租赁房屋因与任职有关,故属工资、薪金的范畴,由企业履行代扣代缴个人所得税的义务。依据2012年5月7日国家税务总局纳税服务司的回复:"对于发给个人的福利,不论是现金还是实物,均应缴纳个人所得税。但目前对于集体享受的、不可分割的、非现金方式的福利,原则上不征收个人所得税。"因此,实务中租赁房屋用于职工住宿,在实施过程中要保留现场图片等相关资料,以佐证所租房屋确为职工集体所用,从而有效规避个人所得税问题。

5.6.2.3 企业为高管及员工租赁房屋的企业所得税扣除问题

《国家税务总局关于企业工资薪金及职工福利费扣除问题的通知》(国税函〔2009〕3号)规定：企业为职工生活、住房等所发放的各项补贴和非货币性支出属福利费范围。实务中企业为员工租房（高管也是企业员工）是基于员工的生活和住房考虑，建议以企业为主体与业主签订租赁协议并取得对公发票，依据《中华人民共和国企业所得税法实施条例》（以下简称《企业所得税法实施案例》）规定，在工资、薪金总额14%以内据实扣除。

如果以员工个人名义签订房屋租赁协议，租金发票开具给员工个人的，则与企业生产经营无关，不得所得税前扣除。

企业以货币形式向员工提供住房补助，依据《个人所得税法实施条例》第六条第一款的规定，因与任职有关，故应列入工资薪金，由企业代扣代缴个人所得税后在企业所得税前扣除。

5.7 小车使用费

5.7.1 小车日常费用报销实务

本业务项目反映和核算公务用车汽油费、过路过桥费、停车费、洗车费等。

（1）公务用车的日常加油可由经办部门（企业按自身的组织架构设置专业部门或归口行政管理部门统一管理，下述同理）向加油站点申请集中采购，按期办理付款审批手续后转款（可办理一张主卡，再由主卡分配至副卡，做到一车一卡以规避人为因素）；零星加油由经办人在业务结束后凭有效凭证办理报销。办理报销时须经车辆主管（或由归口管理部门按岗位配置设置兼职岗,下述同理)依据《车辆管理规定》(企业自行拟定)审核签字并登记台账,以便日后统计分析每辆公务用车的日常消耗,从而实施过程管控。

(2)公务用车的日常洗车一般由经办部门一次性购买月卡或年卡,报销时附上洗车卡复印件,且在复印件上注明洗车卡的存放管理责任人,日常消费时按次勾销。

(3)公务用车停车费、过路过桥费(因公出差除外)一般以周为限按期报销,如果票据多于5张,则建议附上明细清单并注明时间、地址、事由、证明人等信息,同时经车辆主管依据《车辆管理规定》审核签字并登记台账,以便日后统计分析每辆公务用车的日常消耗,从而实施过程管控。

(4)财务部门审核:依据条款执行,同时关注报销单据封面上有无车辆主管的审核签字。

(5)办理报销时应附的原始单据:发票、用卡分配表(适用集中采购);发票、洗车卡复印件(适用洗车费报销);发票、明细清单(适用过路过桥、停车费的报销)。

阅读延伸5-2 关于预付加油卡的发票问题

《成品油零售加油站增值税征收管理办法》(国家税务总局令第2号)规定:发售加油卡、加油凭证销售成品油的纳税人在发售加油卡或加油凭证时可开具普通发票,如购油单位要求开具增值税专用发票,待用户凭卡或加油凭证加油后,根据加油卡或加油凭证回笼记录,可以向购油单位开具增值税专用发票,不同于预付卡业务(具体参见3.2.5小节中的相关说明)。

5.7.2 小车维修费报销实务

本业务项目反映和核算公务用车的维修费、保养费等。

(1) 单笔业务金额<1 000元的日常维修、保养业务（这里为建议限额，具体金额按企业自身的管控要求设定，下述同理）：由经办部门自行发起，在业务结束后办理报销时须提供有效维修耗材清单（"有效"是指须维修方盖章，下述同理），并经车辆主管依据《车辆管理规定》审核签字并登记台账，以便日后统计分析每辆公务用车的维保消耗，从而实施过程管控。

(2) 单笔业务金额≥1 000元的维修、保养业务：经办部门须先申请并获批准后再执行，在业务结束后办理报销时须提供有效维修耗材清单，并经车辆主管依据《车辆管理规定》审核签字并登记台账，以便日后统计分析每辆公务用车的维保消耗，从而实施过程管控。

(3) 财务部门审核：依据条款执行，同时关注报销单据封面上有无车辆主管的审核签字。

(4) 办理报销时应附的原始单据：发票、维修清单（适用单笔业务金额<1 000元）；发票、申请报告、维修清单（适用单笔业务金额≥1 000元）。

5.7.3 小车保险费报销实务

本业务项目反映和核算公务用车的年度保险费等。

(1) 经办部门须对公务用车的年度保险信息建立备查簿或台账，记录保险到期日、保费金额、出险次数等信息，以便日常管控。其中，要重点关注保险到期日，以便及时续费。

(2) 财务部门审核：根据上年度出险次数及保单，审核保险费率是否合理。

(3) 办理报销时应附的原始单据：发票、保单复印件。

阅读延伸5-3　关于小车使用费的日常管控

　　针对小车使用费业务，建议车辆管理部门按期（一般按季）对每辆公务用车的日常耗费、日常维修、日常保养等进行环比、同比分析，并将分析报告提交财务部门备案，以便加强日常管控。

5.8　通讯费

5.8.1　移动通讯费报销实务

本业务项目反映和核算按企业既定标准给予的话费开支。

（1）经办部门（企业按自身的组织架构可归口行政管理部门统一管理，下述同理）以企业为主体统一办理集团号，取得对公发票并按月在既定标准（企业可根据自身管控要求拟定《通讯费管理办法》，制定相应标准，下述同理）内据实报销。

（2）外派人员因公务需要给予的通讯费补贴应列入工资统一发放。

（3）财务部门审核：依据企业既定标准与话费清单进行核对，超标准部分由人力资源部从税后工资中直接扣减。

（4）办理报销时应附的原始单据：发票（企业既定标准及话费清单作为审核依据，可不作为报销附件）。

5.8.2　固定通讯费报销实务

本业务项目反映和核算办公区域固定话费。

（1）每月由经办部门统一办理报销手续并提供话费清单。

（2）财务部门审核：审核话费清单，分机话费偏高的给予重点关注，必要时查明原因。

（3）办理报销时应附的原始单据：发票（话费清单可不作为报销附件）。

5.8.3 网络使用费报销实务

本业务项目反映和核算办公区域网络使用费等。

（1）经办部门统一办理报销手续。

（2）财务部门审核：依据年度合同的约定标准进行审核。

（3）办理报销时应附的原始单据：发票、合同。

5.8.4 通讯费税务管理

下面从员工通讯费相关财税政策、员工通讯费的个人所得税问题、员工通讯费的企业所得税问题三个方面阐述通讯费的税务管理问题。

5.8.4.1 员工通讯费相关财税政策

（1）《国家税务总局关于个人所得税有关政策问题的通知》（国税发〔1999〕58号）第二条规定：关于个人取得公务交通、通讯补贴收入征税问题，个人因公务用车和通讯制度改革而取得的公务用车、通讯补贴收入，扣除一定标准的公务费用后，按照"工资、薪金"所得项目计征个人所得税。按月发放的，并入当月"工资、薪金"所得计征个人所得税；不按月发放的，分解到所属月份并与该月份"工资、薪金"所得合并后计征个人所得税。

公务费用的扣除标准，由省级地方税务局根据纳税人公务交通、通讯费用的实际发生情况调查测算，报经省级人民政府批准后确定，并报国家税务总局备案。

(2)《财政部关于企业加强职工福利费税务管理的通知》（财企〔2009〕242号）第二条规定：企业为职工提供通讯待遇，已经实行货币化改革的，按月按标准发放或支付的，应当纳入职工工资总额，不再纳入职工福利费管理；尚未实行货币化改革的，企业发生的相关支出作为职工福利费管理。

5.8.4.2 员工通讯费与个人所得税

国税发〔1999〕58号文件规定：员工通讯费补贴在扣除一定标准的公务费用后，按照"工资、薪金"所得项目计征个人所得税，公务费用的扣除标准执行各地的相关规定。此文件发布后，大多数地方都出台了相应政策。例如，安徽省出台了《安徽省地方税务局关于明确个人所得税若干政策问题的通知》（皖地税函〔2004〕347号），通知的第二条和第三条分别规定了通讯费和交通费的扣除标准，但《安徽省地方税务局关于个人取得公务交通补贴收入个人所得税问题的公告》（安徽省地方税务局公告2016年第1号）明确皖地税函〔2004〕347号只适用公务员及参公管理人员。

因此，在实务中，企业一般都依据国税发〔1999〕58号文件，将通讯费补贴按"工资、薪金"所得项目计征个人所得税。如果确实因公务需要，则可由归口经办部门以企业为主体统一办理集团号，统一支付并取得对公发票，再由经办部门在既定标准内按月办理报销手续。

5.8.4.3 员工通讯费与企业所得税

依据国税发〔1999〕58号文件和财企〔2009〕242号文件的规定，以现金方式取得的通讯费补贴在税法和财会上都作为"工资、薪金"所得项目，按规定在企业所得税前扣除，且不受福利费限额扣除的限制，但随着社保并入税务系统速度的加快，以及两个系统数据的统一，将通讯费等各项货币化补贴纳入工资总额会增大缴费基数，从而在无形中增加企业负担和个人支出。

如果以报销形式，大多数都是个人名义的通讯费发票，则在年度汇算清缴或税务稽查时可能会被认定为与企业生产经营无关，从而进行纳税调增。

因此，实务中的处理方法与个人所得税相同，若确实因公务需要，则可由经办部门以企业为主体统一办理集团号并统一支付费用、取得对公发票，再由经办部门在既定标准内按月办理报销手续。

5.9 会务费

本业务项目反映和核算年度目标会、年度总结会、日常会议费等支出。

5.9.1 年度目标会、年度总结会会费报销实务

（1）年度会议由会议经办部门提报会议方案，经批准后实施。方案包含会议名称、会议时间、会议地点、会议目标、会议议程、参会人员、会议费用预算等，方案中涉及费用预算的过程管控遵照5.1节相关标准执行。

（2）会议方案可能涉及多个部门，所以各经办部门在实际执行过程中对于分项业务的执行额度可由主办部门适当调配，但总额度不得超过报批的预算方案，否则须另行申报，获批准后才可实施。

（3）各经办部门在实际执行中的各种材料耗用等应提供现场验收手续或图片，以作为会务费列支的审核依据，同时实现过程管控。

（4）方案中的礼品、奖品在实际发放时要填写发放登记表，以作为业务结束后报销的审核依据。

(5) 各经办部门报销时应按分项业务分别填列报销单据，由主办部门尽量收集齐全并一次性办理报销，以便控制方案总预算额度。

(6) 财务部门审核：依据批准方案、询价记录或竞争性谈判记录等书面资料，对费用预算进行分项、汇总统计分析，并对礼品或奖品发放记录进行审核，同时对询价记录或竞争性谈判记录进行随机回访，并在被抽查业务的报销单据上记录抽查结果，以发挥会计的监督职能。

(7) 办理报销时应附的原始单据：发票、有效清单（适用发票汇兑开具的业务）、会议方案、与会人员签到表、会议纪要、发放登记表、会议现场照片。同时针对不同业务额度提供询价记录（适用3 000元≤单笔业务金额<10 000元），或提供竞争性谈判记录（适用10 000元≤单笔业务金额<50 000元），或提供合同（适用单笔业务金额≥50 000元）（详见5.1节）。

5.9.2 商务接待会、日常会议会费报销实务

(1) 由经办部门拟定会议通知。

(2) 会议过程中经办部门做好人员签到（适用日常会议，商务接待会无需人员签到记录），会议结束后提交会议纪要。

(3) 财务部门审核：如发生费用（企业内部会议可能只是讨论某个议题，并不产生费用），财务部门根据实际执行资料进行审核。

(4) 办理报销时应附的原始单据：发票、会议通知、会议签到表（适用日常会议）、会议纪要等。

5.9.3 会议费税务管理

下面从会议费的范围，企业年会发放礼品、奖品的个人所

得税，企业年会发放礼品、奖品的增值税，企业年会发放礼品、奖品的企业所得税，企业年会发放礼品、奖品的会计处理与税务处理的差异等五个方面进行阐述。

5.9.3.1 会议费的范围

《中央和国家机关会议费管理办法》规定：会议费开支范围包括会议室租金、会议住宿费、伙食费、交通费、文件印刷费、医药费等。其中，交通费是指用于会议代表接送站，以及会议统一组织的代表考察、调研等发生的交通支出。

《国家税务总局关于印发〈国家税务局系统会议费管理办法〉的通知》（税总发〔2013〕124号）规定：会议费开支范围包括会议住宿费、伙食费、会议室租金、交通费、文件印刷费、医药费等。前款所称交通费是指用于会议代表接送站，以及会议统一组织的代表考察、调研等发生的交通支出。

财税〔2016〕36号文的附件1《营业税改征增值税试点实施办法》附《销售服务、无形资产、不动产注释》中指出：现代服务的文化创意服务包括设计服务、知识产权服务、广告服务和会议展览服务，其中会议展览服务，是指为商品流通、促销、展示、经贸洽谈、民间交流、企业沟通、国际往来等举办或者组织安排的各类展览和会议的业务活动。

《关于明确金融、房地产开发、教育辅助服务等增值税政策的通知》（财税〔2016〕140号）第十条规定：宾馆、旅馆、旅社、度假村和其他经营性住宿场所提供会议场地及配套服务的活动，按照"会议展览服务"缴纳增值税。基于"提供会议场地及配套服务"的字面含义，再结合《中央和国家机关会议费管理办法》和税总发〔2013〕124号两个文件，会议费的范围应该包括会议发生的场地费、餐费、住宿费以及相关的服务费等，属于现代服务中的"会议展览服务"，所以酒店等服务提供商开具给年会组织单位的发票业务项目应是"会议展览服务"。财税〔2016〕140号文及时解决了会务费用范围界定问题上的困惑，有效降低了企业的增值税、所得税税负。

应该注意的是，在企业所得税方面，与取得收入有关的合理支出准予扣除。因此，实务中建议先拟定会议方案（方案的具体内容见上述报销实务），在会议结束后提供会议纪要、出席人员签到表、支付凭证、会议费用明细单和会议费发票等相关资料，必要时留存现场照片，以完整的证据链按"会议展览服务"（包括会议住宿费、伙食费（餐费）、会议室租金、交通费、文件印刷费、医药费等）在企业所得税前扣除。以免日后在税务检查或稽查中因存在"合理性和真实性"争议而产生不必要的纳税调增以及滞纳金。

阅读延伸5-4　关于会议费的开票问题

《财政部 国家税务总局关于全面推开营业税改征增值税试点的通知》（财税〔2016〕36号）的附件1《营业税政征增值税试点实施办法》附《销售服务、无形资产、不动产注释》规定：会议展览服务属于销售服务（六）——现代服务的文化创意服务；而单纯的餐饮住宿服务属于销售服务（七）——生活服务的餐饮住宿服务。

因此，在执行财税〔2016〕140号文的第十条规定时，不同地方的税务机关的执行口径并不一致。

《河北省国家税务局关于发布〈河北省国家税务局关于全面推开营改增有关政策问题的解答（之八）〉的通知》对"关于试点纳税人提供会务及相关服务是否分项目开具增值税专用发票问题"的回复为："《财

政部 国家税务总局关于明确金融 房地产开发 教育辅助服务等增值税政策的通知》（财税〔2016〕140号）规定，宾馆、旅馆、旅社、度假村和其他经营性住宿场所提供会议场地及配套服务的活动，按照'会议展览服务'缴纳增值税。但是，该'配套服务'不包括餐饮服务、居民日常服务和娱乐服务等。因此，试点纳税人提供会议场地及配套服务，且同时提供餐饮、娱乐等服务的，在开具增值税发票时须据实分项目开具。"

针对生活服务业营改增热点难点问题(一)："某单位在酒店召开会议，酒店提供的服务内容包括住宿、餐饮、会务服务等，酒店是否需要对取得收入进行区分，按不同项目开具增值税发票？"安徽省国家税务局的解答如下："《财政部 国家税务总局关于明确金融 房地产开发 教育辅助服务等增值税政策的通知》（财税〔2016〕140号）规定，宾馆、旅馆、旅社、度假村和其他经营性住宿场所提供会议场地及配套服务的活动，按照'会议展览服务'缴纳增值税。因此，该酒店承接会议，提供上述服务不需要对取得的收入按不同项目进行拆分。"

因此，酒店等服务提供商在提供会议服务的同时提供住宿、餐饮服务是否需要分项目开具发票，请咨询当地税务机关，了解具体的执行口径。

5.9.3.2 企业年会发放礼品、奖品的个人所得税分析

《财政部、国家税务总局关于企业促销展业赠送礼品有关个人所得税问题的通知》（财税〔2011〕50号）规定如下：

二、企业向个人赠送礼品，属于下列情形之一的，取得该项所得的个人应依法缴纳个人所得税，税款由赠送礼品的企业代扣代缴：

（1）企业在业务宣传、广告等活动中，随机向本单位以外的个人赠送礼品，对个人取得的礼品所得，按照"其他所得"项目，全额适用20%的税率缴纳个人所得税。

（2）企业在年会、座谈会、庆典以及其他活动中向本单位以外的个人赠送礼品，对个人取得的礼品所得，按照"其他所得"项目，全额适用20%的税率缴纳个人所得税。

（3）企业对累积消费达到一定额度的顾客，给予额外抽奖机会，个人的获奖所得，按照"偶然所得"项目，全额适用20%的税率缴纳个人所得税。

三、企业赠送的礼品是自产产品（服务）的，按该产品（服务）的市场销售价格确定个人的应税所得；是外购商品（服务）的，按该商品（服务）的实际购置价格确定个人的应税所得。

根据上述规定，企业年会发放礼品、奖品的个人所得税处理如下：

（1）在企业年会中组织本单位以外的人员（如客户）抽奖或向其赠送纪念品，应按"其他所得"税目代扣代缴个人所得税。

个人所得税的应纳税所得额的确定：自产产品或服务，按市场价格确定应纳税所得额；外购的商品或服务，按商品或服务的购置价格确定应纳税所得额。

（2）在企业年会中向本单位员工发放礼品，因人人有份，依据《国家税务总局关于生活补助费范围确定问题的通知》（国税发〔1998〕155号）的规定，故不属于福利费的免税范围，应并入"工资、薪金"计征个人所得税；在企业年会中本单位员工获得的奖品，依据《中华人民共和国个人所得税实施条例》的规定，工资、薪金所得是指，个人因任职或者受雇而取得的工资、薪金、奖金、年终加薪、劳动分红、津贴、补贴以及与任职或者受雇有关的其他所得。员工之所以有机会参与抽奖，就是基于与企业建立的任职或者受雇关系，应按工资薪金项目计征个人所得税。

个人所得税的应纳税所得额的确定：与向本单位以外人员赠送纪念品应纳税所得额的确定原则相同，即自产产品或服务，按市场价格确定应纳税所得额；外购的商品或服务，按商品或服务的购置价格确定应纳税所得额。

5.9.3.3 企业年会发放礼品、奖品的增值税分析

1. 视同销售

《中华人民共和国增值税暂行条例实施细则》（以下简称《增值税暂行条件实施细则》）规定：将自产、委托加工的货物用于集体福利或者个人消费；单位或者个体工商户将自产、委托加工或者购进的货物无偿赠送其他单位或者个人，视同销售申报缴纳增值税。

2. 进项税额

《增值税暂行条例》规定：用于简易计税方法计税项目、免征增值税项目、集体福利或者个人消费的购进货物、劳务、服务、无形资产和不动产，进项税额不得从销项税额中抵扣。

3. 视同销售收入金额的确定

《增值税暂行条例实施细则》相关规定如下：

> 纳税人有条例第七条所称价格明显偏低并无正当理由或者有本细则第四条所列视同销售货物行为而无销售额者，按下列顺序确定销售额：
> （一）按纳税人最近时期同类货物的平均销售价格

确定;

（二）按其他纳税人最近时期同类货物的平均销售价格确定;

（三）按组成计税价格确定。组成计税价格的公式为:

组成计税价格=成本×（1+成本利润率）

属于应征消费税的货物，其组成计税价格中应加计消费税额。

公式中的成本是指销售自产货物的为实际生产成本，销售外购货物的为实际采购成本。公式中的成本利润率由国家税务总局确定。

依上述规定，年会中企业无偿赠予其他单位或个人的礼品、奖品，无论是自产、委托加工还是外购货物，均适用增值税视同销售条款并按规定确认销售额，其相对应的进项税额予以抵扣。年会中发放给本单位员工的礼品、奖品，自产或委托加工货物适用增值税视同销售条款并按规定确认销售额，其相对应的进项税额予以抵扣；外购货物进项税额不得抵扣，须作为进项税额转出。

【例5-1】

某单位在年会上向其他单位或者个人赠送了平板电脑20台，每台不含税价为800元，已经取得增值税专用发票。因为年会筹备物资都是近期购买，所以该年会组织单位视同销售的售价按照《中华人民共和国增值税暂行条件实施细则》规定的顺序确定不含税价为800元/台：

销项税额=800×20×13%=2080（元）

进项税额=800×20×13%=2080（元）

应纳增值税=2080-2080=0（元）

可能有人会认为，视同销售没有超出购买价格并不需要缴纳增值税，这种规定是否有点多此一举呢？但从增值税抵扣链条的角度考虑（分自产和外购），如果是自产货物，则对应的进项税额很难界定出具体数额，而视同销售完成销项税额减进项税额的抵扣链条，同时也便于征收管理。

4. 企业年会发放礼品、奖品的企业所得税分析

《国家税务总局关于企业处置资产所得税处理问题的通知》（国税函〔2008〕828号）相关规定如下：

> 第二条规定，企业将资产移送他人的下列情形，因资产所有权已发生改变而不属于内部处置资产，应按规定视同销售确定收入。
>
> （一）用于市场推广或销售；
>
> （二）用于交际应酬；
>
> （三）用于职工奖励或福利；
>
> （四）用于股息分配；
>
> （五）用于对外捐赠；
>
> （六）其他改变资产所有权属的用途。
>
> 第三条规定，企业发生本通知第二条规定情形时，属于企业自制的资产，应按企业同类资产同期对外销售价格确定销售收入；属于外购的资产，可按购入时的价格确定销售收入。

《企业所得税法实施条例》第十三条规定：《企业所得税法》第六条所称企业以非货币形式取得的收入，应当按照公允价值确定收入额。

为此，《国家税务总局关于企业所得税有关问题的公告》（国家税务总局公告2016年第80号）第二条规定：企业发生《国家税务总局关于企业处置资产所得税处理问题的通知》（国

税函〔2008〕828号）第二条规定情形的，除另有规定外，应按照被移送资产的公允价值确定销售收入。即国家税务总局公告2016年第80号否定了国税函〔2008〕828号第三条关于计价的规定，回归到《企业所得税法实施条例》第十三条的公允价值定价原则。

依上述规定，企业年会发放礼品、奖品，在企业所得税方面按视同销售处理且以公允价值确认销售收入（公允价值是企业所得税收入确认的基本原则）。

企业所得税的视同销售行为除了确认收入以外，还须确认成本，如果采购与赠送发放之间的时间间隔不长，公允价值与采购成本相同，那么此种情况下视同销售的收入与视同销售的成本增加相同金额，对企业所得税的应纳税所得额并无影响。但是视同销售收入的确认增加了业务招待费、广告宣传的限额计算基数，这对企业是利好的。

5. 企业年会发放礼品、奖品的会计处理与税务处理的差异分析

（1）企业年会向其他单位或个人发放礼品、奖品的财税处理

① 会计处理：因向其他单位或个人发放礼品、奖品属无偿赠送，无经济利益流入企业，不符合会计上收入确认原则，故不作为销售收入确认处理，按成本结转。

② 个人所得税：由年会举办单位代扣代缴个人所得税，自产、外购的计税基数分别按市场销售价格、实际购置价格核定。

③ 增值税处理：视同销售，按最近时期同类货物的平均销售价格，或者按其他纳税人最近时期同类货物的平均销售价格，又或者按组成计税价格确定销售收入计算销项税额。

④ 企业所得税处理：视同销售，并在年终报税时按公允价确认销售收入，按成本价确认销售成本进行纳税调整。

（2）企业年会向本单位员工发放礼品、奖品的财税处理

分自产或委托加工和外购两种情况：

① 自产或委托加工。

会计处理：按市场价确认收入。《企业会计准则应用指南》在对"应付职工薪酬"科目核算的要求中已明确规定：企业以自产产品发放给职工的，借记本科目，贷记"主营业务收入"，同时结转成本。在《企业会计准则讲解2008》第十章"职工薪酬"中也有规定。

个人所得税处理：由企业并入工资扣缴个人所得税，计税基数按市场销售价格核定。

增值税处理：视同销售，按最近时期同类货物的平均销售价格，或者按其他纳税人最近时期同类货物的平均销售价格，又或者按组成计税价格确定销售收入计算销项税额。

企业所得税处理：视同销售并按公允价确认收入。因会计上已做账务处理，企业所得税年度申报时无需再做纳税调整。

② 外购。

会计处理：不确认销售收入，按成本结转（外购的货物用于福利和个人消费时没有产生增值）。

个人所得税处理：由企业并入工资扣缴个人所得税，计税基数按实际购置价格核定。

增值税处理：不视同销售，进项税额不得抵扣，须作为进项税额转出。

企业所得税处理：视同销售并在年终报税时进行纳税调整（销售收入按公允价，销售成本按成本价）。

综上所述，个人所得税视同销售的价格确定为"市场销售价格""实际购置价格"；增值税视同销售的价格确定为"平均销售价格""组成计税价格"；企业所得税视同销售的价格确定为"公允价值"。其中，"平均销售价格"指的是最近一个时期内若干笔同类产品的平均销售价（"最近一个时期"没有明确的税收文件规定，可以理解为一个月，因为一般的纳税申报期是一个月）；"组成计税价格"确定的关键是先确定成本；"市场销售价格"因市场存在不确定因素而难以明确；"公允价值"更加难以理解；"实际购置价格"是最清晰的，有购买发票就可以确认。对于这三个税种来说，从文字上理解视同销售的计税基数是有明显差异的，但在实务中可以参考以下解释：

如果赠送的礼品是自产或委托加工的，那么计算增值税销项税额时按照最近时期同类货物的平均销售价格确定，这个价格可以说就是个人所得税中的"市场销售价格"，既然是市场销售价格，就可以认为是企业所得税中的"公允价值"（《企业所得税法实施条例》第十三条规定：公允价值是指按照市场价格确定的价值）。因此，可以这样理解，赠送的礼品是自产或委托加工的，对于增值税、个人所得税、企业所得税这三个主要税种来说，视同销售的计税基数基本一致。

如果赠送的礼品是外购商品，且是年会之前近期内采购的，那么计算增值税销项税额时的平均销售价格实际上就是买价，既然是买价，就是个人所得税的核定依据"实际购置价格"，同时买价一般也就是企业所得税中的"公允价值"。因此，可以这样理解，赠送的礼品是外购的，对于增值税、个人所得税、企业所得税这三个主要税种来说，视同销售的计税基数是一致的。

5.10　交通费

本业务项目反映和核算企业员工公务交通费、私车公用等支出。

5.10.1 公务交通费报销实务

（1）公务外出乘坐公交车或出租车的，报销经办人应在所附票据背面注明外出日期、起始地点、事由、证明人，同时要求按日期先后顺序粘贴，以便审核时查对。

（2）所附原始票据超过5张的（企业可根据自身的管控力度设定限制张数），报销经办人须另附"票据清单"（列明外出日期、起始地点、事由、证明人），且清单填列顺序与所粘贴的票据顺序相对应，以便审核时查对。网约车电子票清单也须注明事由、证明人等相关信息。

（3）公务外出自驾的，先报部门负责人批准，动车时将行程表清零并拍照记录，返程后同样拍照记录行程千米数，以作为报销附件。详见"阅读延伸5-5"。

（4）财务部门审核：关注外出公务时间、地址、行程千米数、事由和是否经证明人签字确认。

（5）办理报销时应附的原始单据：签字确认的出租车票（适用乘坐出租车外出）；签字确认的公交车票（适用乘坐公交车外出）；签字确认的行程千米数及油票（适用自驾外出）。

另外，5张以上票据的应附上"票据清单"。

> **阅读延伸5-5　《公务外出自驾管理规定》（参考）**
>
> 　　为规范外出自驾，拟定相应的管理办法以明确报销标准及执行中的管控措施：员工因公外出，在车辆管理部门管辖车辆全数外出、不能满足相关部门需求，且乘坐公共交通工具不便的情况下，经部门负责人或分管领导批准方可驾驶私车出差。在综合考虑车损、油耗、风险自负等因素后，自驾出差给予1.0元/千米的报销标准

（企业可根据自身的管理要求设定），途中产生的过路过桥费据实报销，因违规、违章而产生的罚款费用支出自行承担。动车时，出差人员自行将行程千米数清零并拍照留下记录，返回企业时应及时拍照记录行程千米数。两人同行的，应由同行员工签字确认外出事由、时间、起始地点等；一人出行的，应由分管部门负责人签字确认外出事由、时间、起始地点等。本规定旨在完善企业内部证据链，以证明费用发生与企业经营的"相关性和真实性"，减少税企分歧。

5.10.2　私车公用报销实务

企业因自有车辆不足或经常外出的特殊岗位需求，将员工私有车辆用于企业的公务活动，并由此给员工支付租金，报销汽油费、过路过桥费、停车费等，具体操作如下：

（1）企业与员工签订车辆租赁合同（行驶证、驾驶证、保险单据复印件作为合同附件一，存档备查），约定租金、租期、车辆统一调度使用等（租金畸高、畸低或无偿使用时，税务机关可能会核定租金）。

（2）私车公用产生的汽油费、过路过桥费、停车费等与经营活动相关的支出由企业承担。车辆保险费、购置税、折旧费因权属于私车主，故不得由企业承担。

（3）企业向员工支付租金须取得合法有效凭据（具体由员工本人或经办部门带上租赁合同、身份证等相关资料到税务机关申请代开动产租赁发票）。

（4）财务部门审核：根据企业实际需求审核车辆租赁的必要性、租金额度的合理性（汽油费、过路过桥费、停车费等适用本讲"小车使用费"条款)。

(5) 办理报销时应附的原始单据:车辆租赁合同、发票。

5.10.3 私车公用税务管理

与私车公用产生的费用相关的涉税问题一直是税企争议的焦点之一。下面从私车公用的个人所得税、进项税额抵扣、企业所得税三个方面分别进行阐述。

5.10.3.1 私车公用的个人所得税处理

私车公用有两种方式,一种是企业按既定标准直接给职工发放车补或允许员工凭发票报销;另一种是企业与员工签订租赁合同,支付租赁费作为取得员工车辆使用权的对价。这两种方式在税法处理上完全不同。

直接发放补贴或报销的,依据《国家税务总局关于个人因公务用车制度改革取得补贴收入征收个人所得税问题的通知》(国税函〔2006〕245号)第一条规定,因公务用车制度改革而以现金、报销等形式向职工个人支付的收入,均应视为个人取得公务用车补贴收入,按照"工资、薪金所得"项目计征个人所得税。

企业与员工签订租赁合同的,支付租赁费作为对价取得员工车辆的使用权,可向税务机关申请代开发票,并按"财产租赁所得"缴纳个人所得税及增值税等相关税费。

上述两种形式都涉及个人所得税,在权衡两者税负高低时,还要考虑如果以报销补贴形式计入工资、薪金,那么会增加社保缴费基数,从而在无形中增加企业负担和个人支出(这与通讯费补贴计入工资、薪金同理)。

另外,实务中很多企业给员工报销加油费时直接计入损益("管理费用"或"销售费用"科目下的"小车使用费"明细科目),而企业账面的固定资产可能只有数辆公车,有的甚至一辆公车都没有,可账面上却记载着大量的小车使用费,这种情况下不仅存在个人所得税的涉税风险,企业所得税能否扣除也是个问题。

因此,实务中确有经营需要,建议企业与员工签订车辆租赁协议,以支付租金为对价取得员工车辆的使用权,与车辆使用相关的油费、停车费、过路过桥费等可以凭合法有效票据在合理标准内据实报销,以避免企业的涉税风险。

5.10.3.2 私车公用的增值税进项税额抵扣问题

财税〔2016〕36号文的附件1《营业税改征增值税试点实施办法》第二十七条规定如下:

> 下列项目的进项税额不得从销项税额中抵扣:
>
> (1)用于简易计税方法计税项目、免征增值税项目、集体福利或者个人消费的购进货物、加工修理修配劳务、服务、无形资产和不动产。其中涉及的固定资产、无形资产、不动产,仅指专用于上述项目的固定资产、无形资产(不包括其他权益性无形资产)、不动产。
>
> 纳税人的交际应酬消费属于个人消费。
>
> (2)非正常损失的购进货物,以及相关的加工修理修配劳务和交通运输服务。
>
> (3)非正常损失的在产品、产成品所耗用的购进货物(不包括固定资产)、加工修理修配劳务和交通运输服务。
>
> (4)非正常损失的不动产,以及该不动产所耗用的购进货物、设计服务和建筑服务。
>
> (5)非正常损失的不动产在建工程所耗用的购进货物、设计服务和建筑服务。纳税人新建、改建、扩建、修缮、装饰不动产,均属于不动产在建工程。
>
> (6)购进的旅客运输服务、贷款服务、餐饮服务、居

民日常服务和娱乐服务。

以上表述采取列举法明确不得进项抵扣项目，而员工私车租赁给企业用于生产经营活动，其增值税进项税额不在上述项目的范围内，所耗用的汽油费等如果取得增值税专用发票，则其进项税额应予以抵扣。同理，过路过桥费按发票注明的增值税额应予以抵扣。

> **阅读延伸5-6　关于进项不得抵扣的后续文件**
>
> 1.针对《营业税改征增值税试点实施办法》第二十七条第一款，《财政部 国家税务总局关于租入固定资产进项税额抵扣等增值税政策的通知》（财税〔2017〕90号）对其进行了修改：自2018年1月1日起，纳税人租入固定资产、不动产，既用于一般计税方法计税项目，又用于简易计税方法计税项目、免征增值税项目、集体福利或者个人消费的，其进项税额准予从销项税额中全额抵扣。
>
> 2.针对《营业税改征增值税试点实施办法》第二十七条第六款，《关于深化增值税改革有关政策的公告》（财政部 税务总局 海关总署公告2019年第39号）第六条将其修改为"购进的贷款服务、餐饮服务、居民日常服务和娱乐服务"，即纳税人取得旅客运输服务的进项税额已在允许抵扣之列。

5.10.3.3　私车公用的企业所得税处理

《企业所得税法》第八条规定：企业实际发生的与取得收入有关的、合理的支出，包括成本、费用、税金、损失和其他支出，准予在计算应纳税所得额时扣除。从实质上看，企业通过租赁方式取得员工私车使用权并用于经营活动，由此产生的租赁费、汽油费、过路过桥费、停车费、维修费是企业实际发生的与取得收入有关的支出，按规定准予在企业所得税前扣除。但因车辆所有权不属企业，故对具有专属性的保养费、保险费、折旧费不予税前扣除，以免产生涉税风险。

5.11　差旅费

5.11.1　差旅费报销实务

本业务项目反映和核算员工因公出差、项目考察等发生的相关费用。

（1）经办人因公出差或考察前须根据单位《出差管理规定》提交《出差申请单》，注明出差人、出差人所属部门、出差时间、出差地址、交通工具、出差事由、费用预算等，经批准后执行。

（2）出差过程中如果发生商务宴请业务，经办人须先行以口头、短信或微信等方式请示分管领导，返程后再补办宴请审批手续（按单位《招待费管理规定》具体执行）。

（3）经办人在出差过程中产生的所有费用支出应按规定取得合规有效票据。

（4）出差行程结束后，经办人按照企业财务制度及管控要求及时办理报销手续。考察业务须由归口管理部门（企业可根据自身的组织架构归口行政部门或人力资源管理部门兼管）签字确认后方可报销（考察业务前置签字确认的意义在于督促考察人员回程后提交考察报告或心得，旨在提升考察的实际指导意义）。

(5) 财务部门审核：依据《出差管理规定》既定标准及《出差申请单》，对原始单据列示的日期、地址、金额等信息进行一一核对。超标准部分直接扣减；考察业务须关注人力资源管理部门或归口管理部门是否已审核签字，否则不予报销。

(6) 办理报销时应附的原始单据：《出差申请单》，住宿发票（一般纳税人企业的员工出差时，尽量取得增值税专用发票），餐饮发票，往返车、船、机票，往返车站、机场及出差地的交通票据等，以及外出考察报告（适用考察业务）。

5.11.2 差旅费税务管理

下面从个人所得税、企业所得税、票据提供以及差旅中的商务接待等四个方面进行涉税分析。

5.11.2.1 误餐补助、差旅补贴的个人所得税问题

《国家税务总局关于印发〈征收个人所得税若干问题的规定〉的通知》（国税发〔1994〕89号）第二条第二款明确规定：

> 下列不属于工资、薪金性质的补贴、津贴或者不属于纳税人本人工资、薪金所得项目的收入，不征税：
> 1. 独生子女补贴；
> 2. 执行公务员工资制度未纳入基本工资总额的补贴、津贴差额和家属成员的副食品补贴；
> 3. 托儿补助费；
> 4. 差旅费津贴、误餐补助。

《财政部、国家税务总局关于误餐补助范围确定问题的通知》（财税字〔1995〕82号）对国税发〔1994〕89号文中的误餐补助进行了补充说明：国税发〔1994〕89号文件规定不征税的误餐补助，是指按财政部门规定，个人因公在城区、郊区工

作,不能在工作单位或返回就餐,确实需要在外就餐的,根据实际误餐顿数,按规定的标准领取的误餐费。

这两个文件都说明企业员工出差过程中发生的误餐补助,属于个人所得税的不征税项目,超出此规定范围的,应计入企业员工当月工资、薪金所得,计征个人所得税。

关于差旅补贴标准,税法上目前还没有统一规定,新的《企业财务通则》也无具体规定,但原《企业财务通则》第四十八条规定:差旅费标准由企业参照当地政府规定的标准,结合企业的具体情况自行确定。因此,各地税务机关在执行时一般会参照当地行政部门公务员差旅补贴标准,具体如下:

2006年,《财政部关于印发〈中央国家机关和事业单位差旅费管理办法〉的通知》(财行〔2006〕313号)规定:从2007年1月1日起,出差人员住宿,暂时按照副部长级人员每人每天600元、司局级人员每人每天300元、处级以下人员每人每天150元标准以下凭据报销。差旅费开支范围包括城市间交通费、住宿费、伙食补助费和公杂费。城市间交通费和住宿费在规定标准内凭据报销,伙食补助费和公杂费实行定额包干。出差人员的伙食补助费按出差自然(日历)天数实行定额包干,每人每天50元。出差人员的公杂费按出差自然(日历)天数实行定额包干,每人每天30元,用于补助市内交通、通讯等支出。

《关于印发〈中央和国家机关差旅费管理办法〉的通知》(财行〔2013〕531号)规定:各省、自治区、直辖市和计划单列市财政厅(局)根据当地经济社会发展水平、市场价格、消费水平等因素,提出所在市(省会城市、直辖市、计划单列市,下同)的住宿费限额标准、伙食补助费标准报财政部,经财政部统筹研究提出意见反馈地方审核确认后,由财政部统一发布作为中央单位工作人员到相关地区出差的执行标准。市内交通费按出差自然(日历)天数计算,每人每天80元包干使用。

此后年度基本都是在此文件基础上调整住宿费等执行标准。

2006年的标准被财行〔2013〕531号文废止，而财行〔2013〕531号文对于差旅的具体标准也没有规定数据额度，只规定由各省、自治区、直辖市和计划单列市财政厅（局）根据当地经济社会发展水平、市场价格、消费水平等因素自行规定。到目前为止，各地执行标准不一，所以在实务中建议参照当地政府的相关规定，再结合企业实际情况拟定合理的差旅费补贴标准。在合理的标准内，依据国税发〔1994〕089号文件规定，差旅费补贴、误餐补助不属于工资，薪金性质的补贴、津贴不征税。

5.11.2.2 关于差旅津贴、误餐补助的企业所得税问题

《企业所得税法》第八条规定：企业实际发生的与取得收入有关的合理的支出准予在计算应纳税所得额时扣除。《企业所得税法实施条例》第二十七条规定：《企业所得税法》第八条所称合理的支出，是指符合生产经营活动常规，应当计入当期损益或者有关资产成本的必要和正常的支出。而企业员工因公出差的差旅补贴本就属生产经营活动的常规支出，在企业既定标准（企业拟定差旅费标准时可参照当地行政机关的相关规定）及法定范围内应该允许税前扣除，误餐补助同理。

5.11.2.3 关于差旅津贴、误餐补助的票据问题

《企业所得税法》第八条规定：企业实际发生的与取得收入有关的合理支出准予税前扣除，这里的合理性可根据财行（2013）531号文并参照当地政府的相关规定再结合企业实际情况拟定合理的差旅费补贴标准。业务处理时发票不是唯一的原始凭证，如《安徽省省直机关差旅费管理办法》（财行〔2014〕97号）第二十五条规定：包干使用的伙食补助费、市内交通费，打卡发放。因此，企业可凭既定标准及自制的内部表单报销。

为符合"合理性和真实性"原则，避免税企分歧，建议：

（1）企业可以参照地方财行规定并结合自身实际情况制定《出差管理规定》，拟定差旅及误餐补助标准。

（2）补助标准不超过地方财行规定标准。

（3）补助天数的计算一定要与报销单据所附的车、船、机票的时间相符。

5.11.2.4 关于出差途中的商务宴请

员工出差途中因商务需要而产生的宴请支出，如果列入差旅费，全额在所得税前扣除，则会产生涉税风险，因为商务宴请的实质为业务招待。

因此，出差途中如发生商务宴请，先口头、短信或微信请示，回企业后应及时（一般为次日）补办《招待申请单》并按企业规定程序审核批准。差旅费报销时须将商务宴请划归业务招待费范畴，在企业所得税前按限额扣除。其中，商务宴请当日的餐补金额建议酌情减半，以免日后产生税企分歧。

5.12 业务招待费

5.12.1 业务招待费报销实务

本业务项目反映和核算因公务而发生的接待、宴请、礼品赠送等招待费用。

（1）总经理职级以下人员（具体管控级次依企业自身要求而定，下述同理）商务招待要根据《招待费管理规定》事先填写《招待申请单》，简要说明招待级别、时间、我方陪同人员最高职级、费用预算等，经批准后执行。遇特殊情况或紧急业务时，可先行口头、短信或微信请示并获同意后执行，次日补办手续，否则不予报销费用。总经理及以上人员宴请前可不填《招待申请单》，但要参照企业既定的招待费标准，最高不得突破副总职级费用标准的2倍。

（2）企业与酒店签订长期合作协议的，各部门因公商务接待地点应尽量安排在协议酒店（因接待规格高而要求调整的须在《招待申请单》中注明），结账签单时须我方陪同人员中的最高职级人签字，业务结束后及时将《招待申请单》交由行政管理部门或归口管理部门，由行政管理部门或归口管理部门按月与协议方结算，再按签单金额核算归口到各部门预算或执行额度；招待用烟、酒，如果企业日常有备用的，经办部门持《招待申请单》向物资管理部门领用并填制《领用单》，且在《领用单》上注明《招待申请单》单据编号，再由物资管理部门按月核算并归口到各部门预算或执行额度中。

（3）企业自设餐厅的，餐厅管理员（本岗位由企业根据管理需求设置）按《招待申请单》标准备菜，尽量去超市采购以取得合规发票。招待结束后由餐厅管理员按月报销核算并归口到各部门预算或执行额度。

（4）其他零星招待，经办部门填写《招待申请单》并批准后执行，在业务后及时办理报销。

（5）财务部门审核：依据《招待费管理规定》既定标准执行。实务中可能因招待有特别要求，故在《招待申请单》上做出特别说明，批准人根据实际情况酌情提高了既定宴请标准，这时财务人员在审核时按照既定标准与批准额度孰高原则来执行。

对于烟酒《领用单》与《招待申请单》分离的招待业务，财务部门审核时要核对《领用单》与《招待申请单》是否相符。

（6）办理报销时应附的原始单据：发票、《招待申请单》、烟酒《领用单》（适用其他零星招待）；发票、《招待申请单》、酒店提供的签字原始单、烟酒《领用单》(适用酒店合作);采购发票及清单、《招待申请单》、烟酒《领用单》(适用自设餐厅)。

5.12.2 业务招待费税务管理

对于业务招待费税务管理,以下从业务招待费的扣除基数、口径界定、扣除限额临界点、礼品赠送等四个方面进行分析。

5.12.2.1 业务招待费的扣除基数

《企业所得税法实施条例》第四十三条规定:企业发生的与生产经营活动有关的业务招待费支出,按照发生额的60%扣除,但最高不得超过当年销售(营业)收入的5‰。而在实务中,很多财务人员往往直接将会计报表的"销售收入"栏中的数据作为计算业务招待费的基数,而忽略了其他调整事项。

1. 视同销售收入

《国家税务总局关于企业所得税执行中若干税务处理问题的通知》(国税函〔2009〕202号)第一条规定:关于销售(营业)收入基数的确定问题,企业在计算业务招待费、广告费和业务宣传费等费用扣除限额时,其销售(营业)收入额应包括《企业所得税法实施条例》第二十五条规定的视同销售(营业)收入额。

2. 销售未完工开发产品取得收入

《国家税务总局关于印发〈房地产开发经营业务企业所得税处理办法〉的通知》(国税发〔2009〕31号)第六条规定:企业通过正式签订《房地产销售合同》或《房地产预售合同》所取得的收入,应确认为销售收入的实现。第九条规定:企业销售未完工开发产品取得的收入,应先按预计计税毛利率分季(或月)计算出预计毛利额计入当期应纳税所得额。

从国税发〔2009〕31号文的第六条、第九条规定可以看出,房地产企业通过签订《房地产预售合同》所取得的收入，在税务处理上也应确认为销售收入的实现。这一部分收入实质上是企业销售未完工开发产品取得的收入。也就是说，国税发〔2009〕31号文改变了国税发〔2006〕31号文关于"预售收入不得作为广告费、业务招待费税前扣除基数"的规定。国税发〔2009〕31号文中已经没有了"预售收入"的表述，而是更换为"销售未完工开发产品取得的收入"。

3. 股息、红利及股权转让收入

《国家税务总局关于贯彻落实企业所得税法若干税收问题的通知》（国税函〔2010〕79号）第八条规定：对从事股权投资业务的企业（包括集团公司总部、创业投资企业等），其从被投资企业所分配的股息、红利以及股权转让收入，可以按规定的比例计算业务招待费扣除限额。需要注意的是，计算基数仅包括从被投资企业所分配的股息、红利和股权转让收入，不包括按权益法核算的账面投资收益，以及按公允价值计量金额资产的公允价值变动。

4. 查补收入

现行企业所得相关税法规对于查补收入能否作为业务招待费、广告宣传费限额扣除的基数，并未做出明确规定。而增值税方面，《国家税务总局关于增值税一般纳税人登记管理办法》（国家税务总局令43号）第二条规定：本办法所称年应税销售额，是指纳税人在连续不超过12个月或4个季度的经营期内累计应征增值税销售额，包括纳税申报销售额、稽查查补销售额、纳税评估调整销售额。

因此，实务处理中对于查补收入能否作为限额扣除基数存在两种意见：一种是不能将查补收入作为计算扣除限额的基数；而另一种是可以将查补收入作为计算扣除限额的基数。

笔者认为，如果企业在自查时发现少报收入，那么在汇算清缴工作截止前直接将其作为限额扣除基数，在汇算清缴结束后自查时发现少报收入时，可进行更正申报。

如果是税务查补的收入，那么企业也要根据税务查补的最终结果，按会计制度和税务机关的要求进行账务和报表调整。

也就是说，企业自查并申报的收入，可以并入当年度的计算基数；税务机关查补收入，也属于年度收入的一部分，应当允许作为计算业务招待费、广告费和业务宣传费的限额扣除基数。

5.12.2.2 关于业务招待费与差旅费、会议费、误餐费的口径界定

1. 业务招待费与差旅中的商务活动

企业员工因公出差发生的交通费、住宿费、餐费及补贴等通常执行企业的《出差管理规定》既定标准，但在出差途中也会因经营需要而产生宴请、赠送礼品等商务行为，如果全数纳入差旅费，则在日后的税务检查或稽查中可能会产生纳税调增的涉税风险。对此，建议在实际操作中分别核算：将出差人员的正常餐费等支出列入"差旅费"明细科目核算，据实在企业所得税前扣除（差旅费的证明材料应包括经审批的《出差申请单》、支付凭证等，其中《出差申请单》应列明出差人员姓名、地点、时间、事由等相关信息）；将宴请、赠送客户礼品列入"业务招待费"明细科目核算，在税务上按照《企业所得税法》的规定进行限额扣除。

2. 业务招待费与会议费

实务中，在年度终了，大多数企业都会召开年度总结大会、年度经营目标会等。特别是一些集团公司，为了纵向沟通，适时掌握各分、子公司的经营动态，也会定期或不定期地召开经营分析会。会议期间参会人员的住宿费、餐费等支出，会计处

理时是作为业务招待费,还是作为会议费核算?这一问题因界定不清而存在一定的争议。有些会计人员认为,在综合性酒店召开会议,由酒店开具内容为"会议费"的发票,凭相关证明资料在企业所得税前全额扣除;由酒店分别开具餐费、住宿费发票的,则按"业务招待费"明细科目核算,在企业所得税前限额扣除,这种谨慎的处理方式无形中增加了企业税负。

《企业所得税法》第八条规定:企业实际发生的与取得收入有关的合理支出准予税前扣除。也就是说,企业有"充足的证据"证明其会议费的"真实性和合理性",发票是税务证据"之一",而不是"唯一"。

另外,本讲"会议费业务"中也提到会议费范围包括伙食费。再者,根据"实质重于形式"的会计处理原则,取得的发票不管是综合开具的还是分开开具的,只要是与此次会议有关的支出,就应当按其费用实质,列入"会议费"明细科目核算。

这里为了规避税企分歧,在实际操作中会议经办部门应尽量提供会议真实性的有效凭据,如经批准的会议方案(包含会议通知、会议时间、会议地点、参会人员、会议议题、费用预算等)、与会人员签到表、会议纪要、支付凭证、会议现场照片等相关信息资料,以完善证据链(参见本讲"会议费业务")。

3. 业务招待费与误餐费

对于业务招待费的范围,无论是会计制度或是新、旧《企业所得税法》都没有给出明确的界定(一般认为,它是指在企业的生产经营管理过程中用于公关交往、来宾接待、外部联谊、业务洽谈等活动的支出),正是由于业务招待费支出范围界定不明确,实务中会计人员存在主观上刻意将业务招待费转换为其他的现象,不排除这种处理方式会导致在税务检查或稽查中,税务人员要求纳税人对所申报扣除费用的真实性进行自我举证

(大批量的办公用品、电脑耗材、劳保用品采购是税务人员关注的重点),除了因证据链不充分而形成纳税调增以外,还可能产生税额对应的滞纳金甚至罚款,给企业造成额外的负担。同样由于业务招待费支出范围界定不明确,实务中会计人员往往难以把握,通常将员工活动聚餐、工作餐等只要能取得餐饮发票的一律列支为业务招待费,并按《企业所得税法》限额扣除,而这必然会产生相应40%的纳税调增,从而增加企业税负。

因此,实务中取得的餐饮类发票应当依据法律法规综合考虑,正确核算:

对于工作餐支出,企业应建立《福利制度》《薪酬管理制度》等规章制度,拟定相应执行标准,依据《国家税务总局关于企业工资薪金及职工福利费扣除问题的通知》(国税函〔2009〕3号),有关职工生活方面的货币和非货币性支出属于福利费,按规定在企业所得税前扣除。

例如,企业没有自己的食堂,为解决职工的工作餐,与供餐单位签订20元每人每餐的供餐合同或约定,日常送餐时留存经双方签收的送餐原始单据,定期或定额统一结算并取得餐饮发票,应列入福利费按并规定在企业所得税前扣除。

又如,员工活动聚餐(如员工生日会、年会等),除依据企业《福利制度》的既定标准或预算额度外,还留有现场拍摄的图片,以充实证据链并证明其与经营活动具有相关性,应列入福利费按规定在企业所得税前扣除。

5.12.2.3 业务招待费扣除限额临界点

关于业务招待费的扣除限额临界点,《企业所得税法》第四十三条规定:企业发生的与生产经营活动有关的业务招待费支出按照发生额的60%扣除,但最高不得超过当年销售(营业)收入的5‰,即业务招待费的扣除标准执行孰低原则且存在等式关系。

假设：销售收入=X元，业务招待费=Y元

$$Y \times 60\% = X \times 5‰$$

$$则\ Y = 8.3‰ \times X$$

即销售收入的8.3‰是业务招待费扣除限额的临界点。当企业发生的业务招待费小于销售收入的8.3‰时，60%的限额可以充分利用，只需要对40%的部分做纳税调增；当企业发生的业务招待费大于销售收入的8.3‰时，须对超过的部分作100%纳税调增。

因此，实务中企业应做好业务招待费的年度预算，且在月度执行过程中进行适时调整，以充分利用业务招待费税前扣除限额。

5.12.2.4 企业将自产、委托加工或外购物品作为礼品赠送的财税处理

（1）会计处理。企业将自产、委托加工或外购的物品作为礼品赠送，因不符合会计收入确认原则，故核算时直接计入管理费用或经营费用。

（2）税务处理。《国家税务总局关于企业处置资产所得税处理问题的通知》（国税函〔2008〕828号）规定：企业将资产用于交际应酬费视同销售，在填制所得税申报表时进行纳税调增，对应的视同销售成本必须做纳税调减。这里的视同销售成本在纳税申报时调减与会计核算上作为管理费用或经营费用列支可以理解为收支两条线，不存在重复扣除问题。

【例5-2】

假设赠送礼品价税113元。

（1）不作为视同销售的会计处理。

借：管理费用——业务招待费 113

```
        贷：库存商品                              100
            应交税费——应交增值税(进项税额转出)        13
```

虽然会计上不视同销售直接入损益，但所得税申报时须将礼品赠送视同销售做纳税调增100元，同时按配比原则视同销售成本做纳税调减100元，最终影响企业利润113元。

（2）视同销售的会计处理。

```
    借：管理费用                                113
        贷：主营业务收入                         100
            应交税费——应交增值税(销项税额)        13
    借：主营业务成本                             100
        贷：库存商品                             100
```

这里在所得税申报时就不用做纳税调整，收入和成本已含在会计报表的数据中，最终影响企业利润的仍是113元。

以上两种处理方式，最终结果一致。在实务中，如果是中小企业，那么建议日常会计核算尽量与税法处理保持一致，以减少纳税调整的麻烦。

5.13　顾问咨询费

5.13.1　顾问咨询费报销实务

本业务项目反映和核算法律、会计、税务等顾问咨询费。

（1）经办部门根据业务需求发起请示报告并经批准后执行。

（2）采购程序的管控参照5.1节的相关规定，进行询价、竞争性谈判，但必须在充分议价的基本上签订顾问咨询合同，明确验收标准或工作成果的呈现方式，以便供需双方成果移交手续的明晰化。

（3）经办部门对咨询成果按约定条款进行验收，并要求咨询服务方出具书面报告，以作为报销依据。

（4）财务部门审核：依据合同约定及验收标准进行审核。

（5）办理报销时应附的原始单据：经批准的请示报告、合同、发票、询价记录、竞争性谈判记录、验收报告（具体参照5.1节）。

5.13.2 顾问咨询费税务管理

5.13.2.1 营销策划咨询费

企业营销活动中的策划咨询费，在税务检查或稽查中可能会被界定为业务宣传费，在企业所得税前按限额进行扣除，这无形中增加了企业的纳税调增额。因此，企业在与咨询服务方签订合同时，须在相应条款中约定咨询服务方仅提供咨询服务而不对后续实施具体的推广活动，以明确"顾问咨询费"列支，避免税企分歧。

5.13.2.2 融资顾问费

对于投融资相关的顾问咨询费、佣金、手续费的进项抵扣问题，《营业税改征增值税试点有关事项的规定》第四条第三款规定：纳税人接受贷款服务向贷款方支付的与该笔贷款直接相关的投融资顾问费、手续费、咨询费等费用，其进项税额不得从销项税额中抵扣。这里明确规定了融资相关的直接成本费用不得抵扣进项税，但在实务中支付给担保公司、评估公司的费用，因支付对象并非贷款方，故不适用第四条第三款不得抵扣的规定。

5.14 协会费

5.14.1 协会费报销实务

本业务项目反映和核算加入各类协会的入会费。

(1) 经办部门因经营需求参加相关协会,必须经批准方可入会。

(2) 财务部门审核:依据批准的入会报告、协议审核。

(3) 办理报销时应附的原始单据:发票或行政事业性收据,批准的入会报告、协议。

5.14.2 协会费税务管理

《关于规范社会团体收费行为有关问题的通知》(民发〔2007〕167号)第二条第二款规定:会费收取应该使用财政部或省、自治区、直辖市财政部门印(监)制的社会团体会费收据。除了会费以外,其他收费行为均不得使用社会团体会费收据。全国性社会团体会费收据可直接到民政部购领、结报,由民政部统一到财政部购领、结报、核销;地方社会团体会费收据的购领办法由所在地省级财政、民政主管部门确定。

《财政部关于印发〈行政事业单位资金往来结算票据使用管理暂行办法〉的通知》(财综〔2010〕1号)第八条第一款规定如下:

> 行政事业单位按照自愿有偿的原则提供下列服务,其收费属于经营服务性收费,应当依法使用税务发票,不得使用资金往来结算票据。

1. 信息咨询、技术咨询、技术开发、技术成果转让和技术服务收费；

2. 法律法规和国务院部门规章规定强制进行的培训业务以外，由有关单位和个人自愿参加培训、会议的收费；

3. 组织短期出国培训，为来华工作的外国人员提供境内服务等收取的国际交流服务费；

4. 组织展览、展销会收取的展位费等服务费；

5. 创办刊物、出版书籍并向订购单位和个人收取的费用；

6. 开展演出活动，提供录音录像服务收取的费用；

7. 复印费、打字费、资料费；

8. 其他经营服务性收费行为。

根据上述规定，企业参加依法成立的协会、学会等社会团体，除缴纳会费外的其他经营性服务项目应向服务方索要发票，作为报销依据，以便企业所得税前扣除。

阅读延伸5-7　　　关于社会团体

《财政部 国家税务总局关于进一步明确全面推开营改增试点有关再保险、不动产租赁和非学历教育等政策的通知》（财税〔2016〕68号）规定：社会团体，是指依照国家有关法律法规设立或登记并取得《社会团体法人登记证书》的非营利法人。会费，是指社会团体在国家法律法规、政策许可的范围内，依照社团章程的规定，收取的个人会员、单位会员和团体会员的会费。社会团体开展经营服务性活动取得的其他收入，一律照章缴纳增值税。

5.15　文化建设费

本业务项目反映和核算企业文化墙、大事记、网站建设维护费、企业文化活动费、企业文化宣传设计制作费、内部刊物文稿费、其他文化建设方面的支出。

(1) 经办部门根据实际需求或请示报告执行。

(2) 业务执行过程中的程序管控参见5.1节的相关规定，进行询价或竞争性谈判。

(3) 财务部门审核：依据业务限额审核经办部门提供的请示报告、询价记录、竞争性谈判记录、合同或其他书面资料；必要时进行现场随机抽验，记录验收结果并签字确认，以作为报销依据。

(4) 办理报销时应附的原始单据：发票的有效清单（适用发票汇总开具的业务）、验收记录（随机抽查记录或图片，下述同理），适用单笔业务金额<3 000元；发票和有效清单、请购报告、竞争性谈判记录、验收记录，适用3 000元≤单笔业务金额<10 000元。具体参见5.1节。

第6讲　广告宣传费报销实务与税务管理

广告宣传费在企业的三项经费中占有相当大的比例，与三项经费中的业务招待费因在口径界定上存在模糊性，故实务中经常会产生涉税风险，有效规避涉税风险是财务管控的重要价值体现。

广告宣传费报销的共性审核点如下：

（1）购买方信息栏是否正确、印章是否正确。

（2）应该取得增值税专用发票的是否按规定取得（小规模企业不适用）。

（3）审核报销金额及书写的正确性。

（4）核对报销所附原始单据张数。

（5）审核报销签批流程是否完备。

（6）鉴于广告宣传费大都是大额支出，要求业务发起前或年度推广计划拟定后，必须由经办部门负责人或分管领导主持竞争性谈判，并保留谈判记录作为报销审核附件之一（谈判成果分单次业务合同和年度框架合同）。

（7）因为营销推广手段存在众多不确定性，所以过程控制尤为关键，要求经办部门在年度预算总额度内结合分解的月度销售目标拟定月度营销推广计划，每月初提交上月营销推广效果分析报告，供财务部门审核备查，以便根据效果分析报告滚动式调整营销推广方案；且所有媒介的发布内容包括但不限于样稿、版面、位置、发布时点等均须分管领导签批后方可执行，并报财务部门审核备查。

6.1 平面媒介费

本业务项目反映和核算以纸张为载体的报纸、杂志、海报、折页、单页等的广告宣传费用。

(1) 为确保广告内容的准确性，经办部门（企业按自身的组织架构设置专门的营销部门或归口某部门管理，下述同理）于发布前向发布方提供"确认样稿"，以确定版面、位置、规格、文字内容等信息。

(2) 发布期间，经办部门根据合同及"确认样稿"核对排期、版面、位置、规格、文字内容等信息，并收集每版/期的纸质媒介作为报销审核依据之一（折页、宣传单页等虽不便全数收集，但须提供经供需双方签字确认的验收单证）。

(3) 针对软文等适时发布的广告宣传信息，可于月度终了提交汇总审批表，报财务部门审核时备查。

(4) 发布结束后，经办部门会同物资管理部门进行实物验收，同时经办部门应提交相应的分析报告。

(5) 财务部门审核：依据月度销售目标控制营销推广计划，即费用预算实际执行比率与销售目标完成比率联动，以免突破年度总预算额度（以下所有广告宣传项目费用控制同理）；同时要求经办部门提供"确认样稿"、报刊等纸质媒介、分析报告，并根据合同及"确认样稿"对排期、版面、位置、规格等信息进行重点审核。报纸、杂志、彩页、分析报告等因纸张太厚或量太大不便作为报销附件的，在实物查验后可要求档案管理部门（企业按自身的组织架构设置专门的档案管理部门或归口某部门管理，下述同理）另行存档备查，且由档案管理部门在"付款审批单"的"备注"栏上签署"原件已存档"字样。

(6)办理报销时应附的原始单据：首付款时，须附发票、合同（含年度框架合同和执行合同）、"确认样稿"；执行期付款时，须附发票、合同复印件；支付尾款时，须附发票、合同复印件、报纸杂志等纸质媒介或档案管理部门的签收记录、分析报告（一次性付款的在付款时附发票、合同、"确认样稿"、纸质媒介或档案管理部门的签收记录、分析报告）。

关于广告宣传费的税务管理，因为该平面媒介业务与后述的电子媒介、户外媒介、网络媒介等业务涉及的税务问题具有同质性，所以在6.6.2小节中予以统一阐述，这里不再赘述。

6.2 电子媒介费

本业务项目反映和核算以电子技术、电子技术设备及其产品作为信息传播媒介的广告宣传费用，包括电视广告、广播广告、电影广告、LED屏幕、楼梯电视、手机短信等。

6.2.1 电视媒介费报销实务

(1)为确保广告内容的准确性，经办部门在广告发布前将发布排期、时长、频次、广告语、画面、时段等信息与批准方案进行核对，以便及时调整。

(2)发布时由发布方提供后台播报记录、视频或音频电子档监播报告。

(3)发布期间，经办部门对合同约定的播放时长、频次、时段等信息进行抽查（首播和尾播必查），并保留所有检查记录（记录载体可用视频等形式，对于发布期的管控，建议采用现场手持当日报纸或百度日历并同框拍摄的方法），同时经办部门将发布信息及时通知财务部门、审计监督部门和相关领导，以发挥集体监督的作用。

（4）发布结束后，提交每次活动的广告效果分析报告，作为报销附件。

（5）财务部门审核：依据月度销售目标和营销推广计划进行联动控制，同时要求经办部门提供批准方案、视频或音频电子档监播报告、检查记录、分析报告，并根据合同和批准方案对发布期、时长、频次等信息进行重点审核。视频或音频监播报告不便作为报销附件时，可在实际查验后要求档案管理部门另行存档备查，且档案管理部门应在"付款审批单"的"备注"栏上签注"文档已存档"字样。

（6）办理报销时应附的原始单据：首付款时，须附发票、合同（这里的合同含年度框架合同和执行合同）、批准方案、发布时的监播报告（电子档监播报告等须附档案管理部门的签收记录，下述同理）；发布期间付款时，须附发票、合同复印件、发布期的视频或音频检查记录证明；支付尾款时，须附发票、合同复印件、发布期及结束时的视频或音频检查记录证明、分析报告。

6.2.2　LED屏媒介费报销实务

（1）确保广告内容的准确性，经办部门在发布前将广告发布时长、频次、广告语、画面等信息与批准方案进行核对，以便及时调整。

（2）广告发布当日，经办部门应要求发布方提供白天和晚间的广告载体照片各一张（须与当日报纸或百度日历同框拍摄），以及不少于3分钟的广告画面视频（视频由经办部门暂存档备查或交于档案管理部门存档）。

（3）发布期间，经办部门在约定播放期内对播放频次和时长进行监督检查（发布期三个月以下的抽查频率不少于每半月一次，发布期三个月以上的抽查频率不低于每月一次，具体检查频次由企业根据监督力度及成本而定，下述同理），并保留检查记录（须与当日报纸或百度日历同框拍摄），作为报销附件。

（4）发布结束后，针对每次活动提交广告效果分析报告，作为报销附件。

（5）财务部门审核：依据月度销售目标和营销推广计划进行联运控制；同时要求经办部门提供广告发布时白天和晚间的图片及视频证明、发布期间的监督检查记录、分析报告，并根据合同及批准方案对发布时长、频次等信息进行重点审核。由于视频监播报告不便作为报销附件，可于实际查验后要求档案管理部门另行存档备查，并让档案管理部门在"付款审批单"的"备注"栏上签注"文档已存档"字样。

（6）办理报销时应附的原始单据：首付款时，须附发票、合同（这里的合同含年度框架合同和执行合同）、批准方案、发布时的图片及视频记录（视频记录须档案管理部门另行存档并附签收记录，下述同理）；发布期间付款时，须附发票、合同复印件、发布期的视频检查记录证明；支付尾款时，须附发票、合同复印件、发布期及结束时的视频检查记录证明、分析报告。

6.2.3　手机短信媒介费报销实务

（1）发送方提供短信发送原记录，即发送情况截屏，有条件的企业，可购置电子设备并由经办部门现场监督。

（2）要求短信平台录入企业相关职能部门工作人员的手机号码，以便结合短信到达情况予以验收。

（3）发布结束后，根据发布方提供的电话号码，经办部门抽取不低于50条信息进行客户回访，并拟定广告效果反馈分析报告,以作为报销依据。需要注意的是,这里要求经办部门在签订合同条款时,应约定无效信息量的定义(如无效定义为停机、空号)和罚则(如无效信息量小于等于10%时,按相应比例扣除发布方的发布费用;无效信息量超过10%时,要求发布方进行全额补发或终止合作等)。

(4) 财务部门审核:依据月度销售目标和营销推广计划进行联运控制;同时要求经办部门提供短信发送原记录和发送情况截屏、抽查分析报告、合同。

(5) 办理报销时应附的原始单据:发票、合同、短信发送原记录和短信发送情况截屏、抽查分析报告。

6.3 户外媒介费

本业务项目反映和核算利用公共或自有场地的建筑物、空间、交通工具等媒介进行制作、悬挂、张贴广告的支出,包括"高炮"、电梯框架、路牌、车站、灯箱、车体、车内扶手与座椅、条幅、旗帜等。

6.3.1 户外"高炮"媒介费报销实务

(1) 确保广告内容的准确性,在发布、更换画面前,经办部门要从是否存在错字、漏字、商标变形或错色等方面将广告内容与批准方案进行核对,以便及时调整。

(2) 发布、更换画面时,发布方均应提交广告载体白天、晚间、远、近照片各一张(须与当日报纸或百度日历同框拍摄),同时建议经办部门现场旁站验收。

(3) 发布期间,经办部门监督检查频率不低于每月一次,同时保留检查记录(须与当日报纸或百度日历同框拍摄),并于发布结束后提交分析报告，反馈广告发布效果。

（4）财务部门审核：依据月度销售目标和营销推广计划进行联动控制；同时要求经办部门提供发布、更换画面时的验收照片、抽查记录、分析报告，并根据合同及批准方案对发布期间、画面验收记录等信息进行重点审核。

（5）办理报销时应附的原始单据：首付款时，须附发票、合同（这里的合同含年度框架合同和执行合同）、批准方案、发布时的验收照片；执行期付款时，须附发票、合同复印件、发布期的抽查照片和更换画面时的验收照片；支付尾款时，须附发票、合同复印件、发布期的抽查照片和结束时的验收照片、分析报告。

6.3.2　电梯框架媒介费报销实务

（1）确保广告内容的准确性，在发布、更换画面前，经办部门要从是否存在错字、漏字、商标变形或错色等方面将广告内容与批准方案进行核对，以便及时调整。

（2）发布、更换画面时，发布方均应提交广告载体和对应楼宇照片各一张（须与当日报纸或百度日历同框拍摄），由经办部门逐一核验。

（3）发布期间，经办部门应进行监督检查，三个月以下的广告位在发布期内抽查频率不低于每半月一次，三个月以上的广告位在发布期间抽查频率不低于每月一次，并保留检查记录（须与当日报纸或百度日历同框拍摄，且广告载体与对应楼宇要各拍一张照片），并于发布结束后提交分析报告，反馈广告发布效果。

（4）财务部门审核：依据月度销售目标和营销推广计划进行联动控制；同时要求经办部门提供发布、更换画面时的验收照片、抽查记录、分析报告，并根据合同及批准方案对发布期间、画面验收记录等信息进行重点审核。

（5）办理报销时应附的原始单据：首付款时，须附发票、合同（这里的合同含年度框架合同和执行合同）、批准方案、发布时的验收照片；执行期付款时，须附发票、合同复印件、发布期的抽查照片和更换画面时的验收照片；支付尾款时，须附发票、合同复印件、发布期的抽查照片和结束时的验收照片、分析报告。

6.4　网络媒介费

本业务项目反映和核算互联网媒介支出。

（1）发布前，经办部门与发布方对接，核实广告发布期限、位置、尺寸等信息是否与批准方案相符，以便及时调整。

（2）发布时，发布方提供网络广告发布排期表和包含广告画面的截屏图片，经办部门同时以短信或微信的方式将发布信息告知监督部门和相关领导，以发挥集体监督的作用。

（3）发布时，经办部门对发布情况予以监督检查并保留检查记录（以截图等方式呈现）。

（4）发布结束后，经办部门针对每次活动提交广告效果反馈分析报告。

（5）财务部门审核：依据月度销售目标和营销推广计划进行联动控制，同时要求经办部门提供广告画面截屏图片、随机抽查记录、分析报告，并根据合同及批准方案对发布期限、位置、尺寸等信息进行重点审核。

（6）办理报销时应附的原始单据：首付款时，须附发票、合同、验收记录（广告发布排期表和包含广告画面的截屏）；执行期付款时，须附发票、合同复印件、抽查记录；支付尾款时，须附发票、合同复印件、抽查记录、分析报告。

6.5 营销推广活动费

本业务项目反映和核算以实物展示、演示等方式进行的广告信息传递支出，包括展销会、促销会等。

（1）经办部门选择3~5家公司，通过竞争性谈判或招投标方式在充分议价的基础上签订年度框架合同，以增强谈判时的议价能力和增加执行过程中的选择空间，并要求参与议价的单位提供价格清单和实物样本作为合同有效附件（价格清单和实物样本列举和展示的为常规物料）。

（2）经办部门根据月度营销推广计划提交活动方案，经审批后执行，且方案中的价格清单应参照年度框架合同。

（3）活动所购奖品、礼品（非活动专属的宣传物料），按存货管理办法由物资管理部门清点复核，并办理入库手续，物料使用部门根据实际领用量办理出库手续，以作为财务核算依据（奖品领用记录作为出库手续的附件）。每月末物资管理部门的物料台账须与财务总账进行核对，做到账表相符；活动专属物料因即买即用，故可同时办理出、入库手续，以作为报销附件。

（4）现场活动可能因实际需求变化而超出合同报价清单列举的物料种类，经办部门要另行询价或竞争性谈判，以免对方非公允报价。

（5）经办部门须在活动进行时及时通知相关监督部门，以保证随机抽查的有效实施。

（6）财务部门审核：依据月度销售目标和营销推广计划进行联动控制；同时要求经办部门提供竞争性谈判、招投标、询价的记录文件、活动现场照片、验收记录、分析报告,并根据合同与批准方案对活动所用物料的验收记录等信息进行重点审核。

(7) 办理报销时应附的原始单据:发票、合同(这里的合同含年度框架合同和执行合同)、竞争性谈判或招投标记录文件、批准的活动方案、现场随机抽查记录、分析报告,以及出库单与入库单(适用活动专属物料)或入库单与物品领用登记表(适用活动奖品、礼品等非活动专属物料的发放)。非报价清单中的物料管控参见5.1节。

6.6 宣传物料费

本业务项目反映和核算宣传物料的采购费用。

6.6.1 宣传物料费报销实务

(1) 经办部门选择3~5家企业,通过竞争性谈判或招标方式在充分议价的基础上签订年度框架合同,以增强谈判时的议价能力和增加执行过程中的选择空间,同时要求参与议价的单位提供报价清单和实物样本作为合同的有效附件(价格清单和实物样本列举和展示的为常规物料)。

(2) 针对某场活动一次性耗用的专属宣传物料,由供方出具加盖有效印章的销售清单或送货单,并列明物料规格、数量、单价及总金额;由经办部门会同物资管理部门依据实物清点核对,并在送货单上双方现场签字确认,以作为报销附件(为减少工作量,可不用另行开具出库单和入库单)。

(3) 现场活动时使用的周转物料,按存货管理办法,由物资管理部门会同经办部门依据实物清点核对,并办理入库手续,物料使用部门根据实际领用量办理出库手续,以作为财务核算依据，期末物资管理部门的物料台账的结存数额应与财务总账的库存余额进行核对，做到账表相符（专属物料不适用，因活动专属物料即买即用）。

（4）财务部门审核：依据合同、报价清单、营销推广计划进行审核。

（5）办理报销时应附的原始单据：发票、合同（含年度框架合同和执行合同），或者现场签字的验收单（适用某场活动一次性耗用的专属宣传物料）或签字确认的出库单、入库单（适用周转物料）。

6.6.2 广告宣传费税务管理

以下将从筹办期广告宣传费的税前扣除、关联企业之间广告宣传费的分摊、广告宣传费证据链三个方面进行阐述。

6.6.2.1 筹办期广告宣传费的税前扣除

《企业所得税法实施条例》第四十三条规定：企业发生的与生产经营活动有关的业务招待费支出，按照发生额的60%扣除，但最高不得超过当年销售（营业）收入的5‰。第四十四条规定：企业发生的符合条件的广告费和业务宣传费支出，除国务院财政、税务主管部门另有规定外，不超过当年销售（营业）收入15%的部分，准予扣除；超过部分，准予在以后纳税年度结转扣除。根据上述规定，企业正常生产经营活动期间发生的业务招待费、广告费和业务宣传费，可以按企业当年收入计算确定扣除限额。但是，在筹办期间没有取得收入的企业，如果发生上述费用，那么应如何进行税前扣除，条例并未做具体规定。

考虑到筹办期与正常经营期的差异，《国家税务总局关于企业所得税应纳税所得额若干税务处理问题的公告》（国家税务总局公告2012年第15号）第五条规定：企业在筹建期间，发生的与筹办活动有关的业务招待费支出,可按实际发生额的60%计入企业筹办费,并按有关规定在税前扣除;发生的广告费和业务宣传费,可按实际发生额计入企业筹办费,并按有关规定在税前扣除。即企业在筹办期发生的业务招待费、广告费和业务宣传费税前扣除不受当年营业收入5‰或15%限额控制。

上述公告中的"并按有关规定在税前扣除",具体执行办法按照《国家税务总局关于企业所得税若干税务事项衔接问题的通知》(国税函〔2009〕98号)规定:开(筹)办费,企业可以选择在开始经营之日的当年一次性扣除,也可以按照新税法有关长期待摊费用的处理规定处理,但一经选定,不得改变。

【例6-1】

A企业2016年9月筹办开业,筹办期间发生费用100万元,其中,业务招待费支出5万元和广告费、业务宣传费支出30万元。2017年2月企业开始投产运营,2017年当年实现销售收入800万元,发生业务招待费支出10万元和广告费、业务宣传费支出150万元。假设A企业选择一次性摊销筹办费,A企业2017年度准予税前扣除的业务招待费和广告费、业务宣传费为

1. 2016~2017年会计处理

(1) 2016年A企业成立期间发生筹办费的会计核算

借:管理费用——业务招待费(筹办费)　　　　　50 000
　　管理费用——广告费和业务宣传费(筹办费)　300 000
　　贷:银行存款等　　　　　　　　　　　　　　350 000

(2) 2017年A企业经营期的会计核算

借:管理费用——业务招待费　　　　　　　　　100 000
　　销售费用——广告费和业务宣传费　　　　1 500 000
　　贷:银行存款　　　　　　　　　　　　　　1 600 000

2. 依据《企业会计准则指南》附录,会计科目和主要账务处理

"管理费用"科目核算企业为组织和管理企业生产经营所发生的管理费用,包括企业在筹建期内发生的开办费,即新准则已不将开办费作为资产处理,而是计入当期损益。

3. 2017年的税务处理

(1) 业务招待费纳税调整

2016年准予扣除筹办期业务招待费的限额为5×60%=3(万元);

2017年准予扣除生产经营期业务招待费的限额为10×60%=6(万元),销售收入800×5‰=4(万元),根据孰低原则,2017年经营期准予扣除的业务招待费为4万元;

2017年准予扣除的业务招待费合计为3+4=7(万元);

2017年业务招待费的纳税调增额为5+10-7=8(万元)。

(2) 广告费和业务宣传费的纳税调整

2016年为筹办期,准予扣除的广告费和业务宣传费为当年实际发生额30万元;

2017年为经营期,准予扣除的广告费和业务宣传费限额为800×15%=120(万元),低于实际发生额150万元,根据孰低原则,经营当年准许扣除的广告宣传费为120万元;

2017年准予扣除的广告费和业务宣传费合计为30+120=150(万元);

2017年广告费和业务宣传费的纳税调增额为30+150-150=30(万元),并结转以后年度扣除。

6.6.2.2 关联企业之间广告宣传费的分摊

《财政部 税务总局关于广告费和业务宣传费支出税前扣除有关事项的公告》(财政部 税务总局公告2020年第43号)于2021年1月1日至2025年12月31日执行,同时《财政部 税务总局关于广告费和业务宣传费支出税前扣除政策的通知》(财税

〔2017〕41号)自2021年1月1日起废止。该公告的第二条规定:对签订广告费和业务宣传费分摊协议(以下简称"分摊协议")的关联企业,其中一方发生的不超过当年销售(营业)收入税前扣除限额比例内的广告费和业务宣传费支出可以在本企业扣除,也可以将其中的部分或全部按照分摊协议归集至另一方扣除。另一方在计算本企业广告费和业务宣传费支出企业所得税税前扣除限额时,可将按照上述办法归集至本企业的广告费和业务宣传费不计算在内。

该公告的第二条是财税〔2017〕41号文第二条的延续,这对于关联企业,特别是集团公司来说,可从税率、盈亏之间进行综合平衡,但在实际执行中应注意以下几点:

(1)此条款的分摊协议中,关联企业之间的关联关系是指在资金、经营、购销等方面存在直接或者间接的控制关系;直接或者间接地同被第三者控制;在利益上具有相关联的其他关系。应注意的是,国家控股的企业之间不因同受国家控股而具有关联关系。详见《国家税务总局关于完善关联申报和同期资料管理有关事项的公告》(国家税务总局公告2016年第42号)第二条规定:

> 企业与其他企业、组织或者个人具有下列关系之一的,构成本公告所称关联关系:
>
> (一)一方直接或者间接持有另一方的股份总和达到25%以上;双方直接或者间接同为第三方所持有的股份达到25%以上。
>
> 如果一方通过中间方对另一方间接持有股份,只要其对中间方持股比例达到25%以上,则其对另一方的持股比例按照中间方对另一方的持股比例计算。
>
> 两个以上具有夫妻、直系血亲、兄弟姐妹以及其他抚

养、赡养关系的自然人共同持股同一企业，在判定关联关系时持股比例合并计算。

（二）双方存在持股关系或者同为第三方持股，虽持股比例未达到本条第（一）项规定，但双方之间借贷资金总额占任一方实收资本比例达到50%以上，或者一方全部借贷资金总额的10%以上由另一方担保（与独立金融机构之间的借贷或者担保除外）。

借贷资金总额占实收资本比例=年度加权平均借贷资金÷年度加权平均实收资本

其中，

年度加权平均借贷资金=国家税务总局公告2016年第42号关联申报同期资料 i 笔借入或者贷出资金账面金额×i 笔借入或者贷出资金年度实际占用天数÷365

年度加权平均实收资本=国家税务总局公告2016年第42号关联申报同期资料 i 笔实收资本账面金额×i 笔实收资本年度实际占用天数÷365

（三）双方存在持股关系或者同为第三方持股，虽持股比例未达到本条第（一）项规定，但一方的生产经营活动必须由另一方提供专利权、非专利技术、商标权、著作权等特许权才能正常进行。

（四）双方存在持股关系或者同为第三方持股，虽持股比例未达到本条第（一）项规定，但一方的购买、销售、接受劳务、提供劳务等经营活动由另一方控制。

上述控制是指一方有权决定另一方的财务和经营政策，并能据以从另一方的经营活动中获取利益。

（五）一方半数以上董事或者半数以上高级管理人员（包括上市公司董事会秘书、经理、副经理、财务负责人和公司章程规定的其他人员）由另一方任命或者委派，或者同时担任另一方的董事或者高级管理人员；或者双方各自半数以上董事或者半数以上高级管理人员同为第三方任命或者委派。

（六）具有夫妻、直系血亲、兄弟姐妹以及其他抚养、赡养关系的两个自然人分别与双方具有本条第（一）至（五）项关系之一。

（七）双方在实质上具有其他共同利益。

除本条第（二）项规定外，上述关联关系年度内发生变化的，关联关系按照实际存续期间认定。

(2) 关联企业之间应签订广告宣传费分摊协议。对于未签订广告费和业务宣传费分摊协议的关联企业，会计准则和税法都不认可企业可以列支与其收入无关的成本费用。

(3) 接受归集扣除的另一方不占用本企业原扣除限额。即接受归集方可扣除的广告宣传费限额仍按本企业依法可扣除的限额计算。

(4) 关联企业之间的总体扣除限额不得超出《企业所得税法实施条例》第四十四条规定的标准，且归集到另一方扣除的广告宣传费只能是费用发生企业依法可扣除限额内的部分或者全部，而不是实际发生额。

【例6-2】

A企业和B企业是关联企业，年初签订分摊协议，A企业在2016年发生的广告费和业务宣传费的30%归集至B企业扣除。假设A企业2016年销售收入为2 000万元，当年实际发生广告费和业务宣传费为400万元；假设B企业2016年销售收入为1 000

万元,当年实际发生广告费和业务宣传费为100万元。

1. 计算扣除

A企业:

A企业2016年广告费和业务宣传费的税前扣除限额为 2 000×15%=300(万元);

A企业转移到B企业扣除的广告费和业务宣传费为300×30%=90(万元),而非400×30%=120(万元);

A企业本年度扣除的广告费和业务宣传费为300-90=210(万元),结转以后年度扣除的广告费和业务宣传费为400-300=100(万元),而非400-210=190(万元)。

B企业:

B企业2016年广告费和业务宣传费的税前扣除限额为 1 000×15%=150(万元);

B企业2016年本身扣除的广告费和业务宣传费为100万元,结转以后年度扣除的广告费和业务宣传费为0元;

B企业2016年扣除的广告费和业务宣传费合计为100+90=190(万元),无结转。

2. 验算

不分摊方式:

A企业2016年扣除的广告费和业务宣传费为300万元,结转以后年度扣除的广告费和业务宣传费为100万元;

B企业2016年扣除的广告费和业务宣传费为100万元,结转以后年度扣除的广告费和业务宣传费为0元;

A企业与B企业2016年扣除的广告费和业务宣传费为300+100=400(万元),结转以后年度扣除的广告费和业务宣传费为100万元。

分摊方式:

A企业2016年扣除的广告费和业务宣传费为210万元,结转以后年度扣除的广告费和业务宣传费为100万元；

B企业2016年扣除的广告费和业务宣传费为190万元，结转以后年度扣除的广告费和业务宣传费为0元；

A企业与B企业2016年扣除的广告费和业务宣传费为210+190=400（万元），结转以后年度扣除的广告费和业务宣传费为100万元。

从上述验算看，采取分摊方式与不分摊方式，当年税前扣除额与结转以后年度扣除额结果一致，但为集团公司各盈利与亏损主体之间的税负综合平衡提供了空间，同时有利于资金时间价值的利用以及有效平衡集团公司内部的盈亏。

6.6.2.3 广告宣传费证据链

《企业所得税法》第八条、《企业所得税法实施条例》第四十四条规定：企业每一纳税年度发生的符合条件的广告费和业务宣传费，除国务院财政、税务主管部门另有规定外，不超过当年销售(营业)收入15%的部分，准予扣除；超过部分，准予在以后纳税年度结转扣除。

条例的第四十四条规定了广告宣传费的扣除比例远大于业务招待费，且当年超出比例部分可无限期在以后年度结转，再加上"业务招待费"与"广告宣传费"之间的界线并不明晰，所以很多企业在实际操作时，只要是与营销相关的一些费用支出，就全部列入"销售费用——广宣费"明细科目中，适用高比例的扣除限额，以此来达到少缴企业所得税的目的，但这也为日后的税务检查或税务稽查带来涉税风险。

建议在实际操作中完善证据链，如使用自产、委托加工或外购的物品随机赠送客户，在礼品或纪念品上印制企业的LOGO、商标或宣传标识，办理报销时可附上实物图片，以举证业务的真实性。

第7讲 人力成本报销实务与税务管理

在从数据分析角度采集同行业人力成本时经常会因口径不同而导致可比性不足。鉴此,本讲使用穷尽列举法阐述除工资、奖金以外的所有福利性开支项目,旨在厘清全口径人力成本的概念,并针对实务中会计人员最头痛的个人所得税问题进行重点分析,提出管理思路。

人力成本报销的共性审核点如下:

(1)购买方信息栏是否正确、印章是否正确;

(2)应该取得增值税专用发票的是否按规定取得(小规模企业不适用);

(3)审核报销金额及书写的正确性;

(4)核对报销所附原始单据张数;

(5)审核报销签批流程是否完备。

7.1 过节费

本业务项目反映和核算春节、中秋节、端午节等节日的过节费用。

7.1.1 过节费报销实务

(1)经办部门(企业按自身的组织架构设置人力资源部门或将人力资源相关业务归口某部门管理,下述同理)根据企业既定标准或参照往年发放标准提起过节费发放报告，经批准后执行。

（2）过节费的发放形式包括现金和实物。实物发放的采购过程管控参照5.1节执行。

（3）经办部门根据批准报告及发放记录表的实际发放数填制报销单据，并同时提交一份发放记录表作为代扣个人所得税计算依据，如果发放记录表只有一份，则须将原件留存财务部门作为报销附件，财务部门留存时复印一份并由审核岗签字注明"发放记录表原件留存财务，此复印件与原件信息相符，以此作为人力资源部门计算个人所得税时使用"。

（4）财务部门审核：根据发放报告、岗位编制人数和发放记录表进行审核，同时关注个人所得税的代扣代缴情况。

（5）办理报销时应附的原始单据：发放报告、岗位编制人数、发放记录（适用现金发放）。发票及有效清单、发放报告、岗位编制人数、发放记录（适用单笔业务金额＜3 000元的实物发放形式）；发票及有效清单、发放报告及询价记录、岗位编制人数、发放记录（适用3 000元≤单笔业务金额＜10 000元的实物发放形式）；发票及有效清单、发放报告及竞争性谈判记录、岗位编制人数、发放记录（适用10 000元≤单笔业务金额＜50 000元的实物发放形式）；发票及有效清单、发放报告及合同、岗位编制人数、发放记录（适用单笔业务金额≥50 000元的实物发放形式）。详见5.1节。

7.1.2　过节费税务管理

《财政部关于企业加强职工福利费税务管理的通知》（财企〔2009〕242号）第二条规定：企业给员工发放的节日补助列入工资总额管理。《国家税务总局关于企业工资薪金及职工福利费扣除问题的通知》（国税函〔2009〕3号）第三条列举的企业职工福利费并未包括过节费。《企业所得税法实施条例》规定：工资薪金是指企业每一纳税年度支付给在本企业任职或者受雇的员工的所有现金形式或者非现金形式的劳动报酬，包括基本工资、奖金、津贴、补贴、年终加薪、加班工资，以及与员工任职或者受雇有关的其他支出。

财企〔2009〕242号文件明确规定发放的员工过节费列入工资总额；国税函〔2009〕3号虽未明确规定列入工资总额，在列举福利费范围时也未包括，但依据《企业所得税法实施条例》，过节费是与员工任职或受雇有关的支出，应属于工资薪金的范畴。因此，会计和税法上都将过节费列入工资总额管理，由企业代扣代缴个人所得税，并按工资薪金在企业所得税前扣除。

7.2 午餐费

本业务项目反映和核算按国家规定工作日天数、企业既定午餐标准支付的工作餐费及员工加班误餐费等。

关于工作餐，实务中大致包括三种形式：企业与饭馆合作提供简餐、企业自建食堂、企业直接发放午餐补助。无论哪种形式，工作餐费的财税处理都一直是税企关注的焦点，下面将分别给予介绍。

7.2.1 外订简餐报销实务

（1）经办部门（企业按自身的组织架构设置人力资源部门或将人力资源相关业务归口某部门管理，下述同理）结合企业实际情况并参照当地经济发展水平拟定《福利制度》，制定相对合理的工作餐标准,经批准后执行。

(2) 经办部门相应岗位每日填制《用餐登记表》,确定用餐人数并通知供餐单位订餐份数,送餐后由双方签字确认,定期与供餐单位按约定标准据实报销(这里的定期是指按月、按旬或按周)。

(3) 财务部门审核:依据每日的送餐确认单据与既定标准进行审核,并对日常《用餐登记表》与送餐确认单据进行随机抽查核对。

(4) 办理报销时应附的原始单据:发票、每日送餐确认单据(《福利制度》须作为审核依据)。

7.2.2 自建食堂报销实务

(1) 经办部门(企业按自身的组织架构设置人力资源部门或将人力资源相关业务归口某部门管理,下述同理)结合企业实际情况并参照当地经济发展水平拟定《福利制度》,制定相应合理的工作餐标准,经批准后执行。

(2) 经办部门(企业按自身的组织架构设置专门部门或将相关业务归口行政部门管理,下述同理)相应岗位对时蔬类食材的采购,每日填制采购清单(因卖方大多是临时摊点,故取得收款凭证不现实),注明采购名称、数量、单价、金额并由本部门相关人员签字证明,由物资管理部门(或监督部门,下述同理)每月随机抽查食品分量,抽查频率不低于4次/月(抽查频率按企业自身管控要求设定)。

(3) 日常耗用品的采购,如米、油、盐、酱油、醋等,经办部门应尽量去超市购买,以取得正规发票,以免产生涉税风险(日常管控同第(2)条)。

(4) 禽、鱼、蛋、肉类的采购,经办部门应尽量选择相对固定的摊点或超市购买，以便取得合规收款凭据或发票，以免产生税涉税风险（日常管控同第（2）条）。

（5）财务部门审核：依据既定标准、在编人员数对采购总额度进行审核。同时关注日常采购的抽查记录及频次，以实现过程控制。

（6）办理报销时应附的原始单据：自制内部采购清单或外部收款单据、抽查记录（适用时蔬类食材采购）；发票或收款单据、抽查记录（适用油、盐、肉类等日常采购）。为简化流程，可在采购单据空白处直接签字确认或另行制单签字确认，不一定非得是固定格式。

7.2.3　现金发放餐补报销实务

（1）经办部门（企业按自身的组织架构设置人力资源部门或将人力资源相关业务归口某部门管理，下述同理）结合企业实际情况并参照当地经济发展水平拟定《福利制度》，制定相对合理的工作餐标准，经批准后执行。

（2）经办部门相应岗位根据员工月度出勤统计表与既定工作餐标准填制餐费发放表，经分管领导审批后纳入月度工资统一发放。

（3）财务部门审核：依据既定餐补标准、出勤统计表审核餐费发放表。

（4）办理报销时应附的原始单据：餐费发放表、出勤统计表、餐补标准的《福利制度》（《福利制度》须作为审核依据）。

7.2.4 午餐费税务管理

7.2.4.1 外订简餐税务管理

财企〔2009〕242号文的第一条第一款规定：为职工卫生保健、生活等发放或支付的各项现金补贴和非货币性福利，包括职工因公外地就医费用、暂未实行医疗统筹企业职工医疗费用、职工供养直系亲属医疗补贴、职工疗养费用、自办职工食堂经费补贴或未办职工食堂统一供应午餐支出、符合国家有关财务规定的供暖费补贴、防暑降温费等。

国税函〔2009〕3号的第三条第二款规定：为职工卫生保健、生活、住房、交通等所发放的各项补贴和非货币性福利，包括企业向职工发放的因公外地就医费用、未实行医疗统筹企业职工医疗费用、职工供养直系亲属医疗补贴、供暖费补贴、职工防暑降温费、职工困难补贴、救济费、职工食堂经费补贴、职工交通补贴等。

依据上述规定，员工午餐费支出在会计和税法上都作为福利费在企业所得税前限额扣除，但在实务中有些会计人员太过小心翼翼，将本该属于福利费中的午餐费支出列支业务招待费，造成不必要的40%纳税调增。当然，取得餐饮发票的工作餐支出如何与业务招待费正确区分，需要会计人员在日常税务管理过程中给予业务人员充分指导，首先拟定《福利制度》，以确定合理的工作餐标准，同时要求业务人员注意完善原始单据，以有效的证据链证实业务的"真实性和合理性"，以规避税企在员工午餐费与业务招待费上的界定分歧。

7.2.4.2 自建食堂税务管理

依据财企〔2009〕242号文件和国税函〔2009〕3号，企业自建食堂解决员工工作餐支出，在会计和税法上都作为福利费在企业所得税前限额扣除，但在实务中，职工食堂日常采购的票据问题，尤其是时蔬类零星采购的票据问题，一直是财务部门与经办部门之间、企业与税务之间的争议焦点。因为会计实务、征管实践中的凭证种类繁杂，难以把握，所以在此背景下出台了《企业所得税税前扣除凭证管理办法》（国家税务总局公告2018年第28号），文件第九条规定：企业在境内发生的支出项目属于增值税应税项目（以下简称"应税项目"）的，对方为已办理税务登记的增值税纳税人，其支出以发票（包括按照规定由税务机关代开的发票）作为税前扣除凭证；对方为依法无需办理税务登记的单位或者从事小额零星经营业务的个人，其支出以税务机关代开的发票或者收款凭证及内部凭证作为税前扣除凭证，收款凭证应载明收款单位名称、个人姓名及身份证号、支出项目、收款金额等相关信息。小额零星经营业务的判断标准是个人从事应税项目经营业务的销售额不超过增值税相关政策规定的起征点。税务总局对应税项目开具发票另有规定的，以规定的发票或者票据作为税前扣除凭证。

根据《增值税暂行条例》及其实施细则、财税〔2016〕36号文等规定，国家税务总局公告2018年第28号第九条规定的"小额零星经营业务"可按以下标准判断：按次纳税的，每次（日）销售额不超过300~500元（具体标准按照各省有关部门规定执行）。

综上所述，《企业所得税税前扣除凭证管理办法》从统一认识、易于判断、利于操作出发，对税前扣除凭证的相关概念、适用种类等予以明确，如实务中日常零星的食材采购取得合规的收款凭证、内部凭证等也可以作为税前扣除凭证，有效地减轻了纳税人的办税负担。

7.2.4.3 现金发放餐补的税务管理

《财政部关于企业加强职工福利费财务管理的通知》(财企〔2009〕242号)第二条第二款特别指出,未统一供餐以现金发放的午餐补助不作为福利费的内容进行核算,而列入工资总额管理。税法上虽未明确规定,但以现金形式发放的午餐补助已形成员工任职相关的工资性质的支出,应列入工资总额代扣代缴个人所得税,并在企业所得税前扣除。

7.3 体检费

7.3.1 体检费报销实务

本业务项目反映和核算员工年度体检费。

(1)经办部门(企业按自身的组织架构设置人力资源部门或将人力资源相关业务归口某部门管理,下述同理)根据《福利制度》既定标准或往年发放标准发起《年度体检报告》,在分管领导主持下通过询价或竞争性谈判来选择优质合作单位,并将询价记录或谈判信息记录、合作协议一同提交财务部门备查,以便财务部门随机抽查回访,发挥会计的监督职能。

(2)经办部门根据协议,统一安排体检进程,待所有人员体检结束后与合作单位进行结算,据实报销。

(3)财务部门审核:根据既定标准、批准报告、合作协议、在编人数等进行审核;

(4)办理报销时应附的原始单据:发票、批准报告、合作协议(《福利制度》须作为审核依据)。

7.3.2 体检费税务管理

7.3.2.1 员工体检费作为福利费的归属问题

《国家税务总局关于企业工资薪金及职工福利费扣除问题的通知》（国税函〔2009〕3号）规定：为职工卫生保健、生活、住房、交通等发放的各项补贴和非货币性福利，按规定在企业所得税前扣除。《财政部关于企业加强职工福利费财务管理的通知》（财企〔2009〕242号）规定：福利待遇支出，包括为职工卫生保健、生活等发放或支付的各项现金补贴和非货币性福利。

依上所述，会计和税法规定，企业为员工的体检支出当归属于福利费范畴，因员工体检也是职工卫生保健的一种。

7.3.2.2 体检费的个人所得税问题

企业统一安排员工体检是否缴纳个税？就此问题，国家税务总局卢云巡视员2012年4月11日的在线网谈以及国家税务总局所得税司副司长叶霖儿在2018年第三季度视频解读会上的回答，实质上都表达了"根据《中华人民共和国个人所得税法》（以下简称《个人所得税法》）的规定原则，集体享受、不可分割、非现金支付不应征收个人所得税"。

实务中由企业统一安排、统一结算、统一报销的体检费属集体享受且非现金支付，不属于个人所得税的征收范围，原则上不需要缴纳个人所得税。但在具体执行时，体检费是否计征个人所得税应执行当地税务部门的规定。

7.4 防暑降温费

7.4.1 防暑降温费报销实务

本业务项目反映和核算员工夏季防暑降温费。

（1）经办部门（企业按自身的组织架构设置人力资源部门或将人力资源相关业务归口某部门管理，下述同理）参照当地经济发展水平并结合企业实际情况拟定《福利制度》，制定相对合理的防暑降温费标准，经批准后执行。

（2）经办部门依据《福利制度》既定标准，提起《夏季防暑降温报告》，经批准后执行。

（3）夏季防暑降温费以现金或实物形式发放。如果以实物形式发放，那么经办部门在接到批准报告后，要么直接采购，要么选择三家供应商进行询价并将相关询价信息作为采购完成后的报销附件，或者选择三家以上供应商进行竞争性谈判并将竞争性谈判信息作为采购完成后的报销附件（详见5.1节）。

（4）以现金形式发放时，由经办部门填制《发放记录表》，纳入工资总额代扣代缴个人所得税。以实物形式发放时，经办部门在采购业务结束后会同物资管理部门共同验收，填制出库单和入库单并办理报销手续，其中出库单须领用人本人签领。

（5）财务部门审核：根据批准报告、在编人数、发放记录进行审核（适用现金形式发放）；根据批准报告、在编人数、询价记录或竞争性谈判记录等书面资料，对出库单和入库单列示的规格型号、数量、单价与发票信息进行审核，对采购价格等信息进行随机回访并在被抽查业务的报销单据上记录抽查结果，以发挥会计的监督职能（适用实物形式发放）。

(6) 办理报销时应附的原始单据：批准报告、在编人数、发放记录（适用现金发放）；发票及有效清单、批准报告、出库单和入库单、询价记录、竞争性谈判记录、合同（适用实物形式发放，详见5.1节）。

7.4.2 防暑降温费税务管理

下面从防暑降温费的归属问题、个人所得税问题、进项抵扣问题三个方面进行涉税分析。

7.4.2.1 防暑降温费作为福利费的归属问题

国税函〔2009〕3号的第三条第二款规定：为职工卫生保健、生活、住房、交通等所发放的各项补贴和非货币性福利，包括防暑降温费等（详见7.2.4小节）。

财企〔2009〕242号文的第一条第一款规定：为职工卫生保健、生活等发放或支付的各项现金补贴和非货币性福利，包括防暑降温费等（详见7.2.4小节）。

综上，职工防暑降温费在财务和税务上都归属福利费的范畴，且职工防暑降温费指的是企业为职工卫生保健所发放的各项补贴和非货币性福利，而非企业用于职工高温作业安全保护的劳保费用。

7.4.2.2 防暑降温费的个人所得税问题

依据《个人所得税法》，职工防暑降温费不属于个人所得免税项目（免征项目详见《个人所得税法》第四条），企业以现金或实物发放防暑降温费原则上应并入工资依法代扣代缴个人所得税。但在实务上各地做法不尽相同，如《河北省地方税务局关于个人所得税若干业务问题的通知》（冀地税发〔2009〕46号）第三条规定：各单位按照当地政府（县以上）规定标准向职工个人发放的防暑降温费暂免征收个人所得税，超过当地政府规定标准部分并入当月工资薪金所得计算征收个人所得税。因此，关于防暑降温费是否计征个人所得税应执行当地税务部门的具体规定。

7.4.2.3 关于防暑降温费的进项税额抵扣问题

通过以上"防暑降温费作为福利费的归属问题"的分析，企业为员工卫生保健等所发放的防暑降温物品属于职工福利范畴，依据《增值税暂行条例》，其进项税额不得从销项税额中抵扣。

7.5 劳动保护费

本业务项目反映和核算特殊岗位劳动保护支出。

7.5.1 劳动保护费报销实务

（1）经办部门（企业按自身的组织架构设置人力资源部门或将人力资源相关业务归口某部门管理，下述同理）根据特殊岗位性质，提起劳动保护需求报告，经批准后执行。

（2）经办部门接到批准报告后，要么直接采购，要么选择3家以上供方进行询价或竞争性谈判（详见5.1节）。

（3）经办部门在业务结束后会同物资管埋部门共同验收填制出库单和入库单并签字确认，其中出库单须领用人本人签领。

（4）经办部门办理出、入库手续后据实报销（发放记录表可以代替出库手续）。

（5）财务部门审核：根据批准报告、特殊岗位在编人数、询价记录或竞争性谈判记录等书面资料，再对出库单和入库单列示的规格型号、数量、单价与发票信息进行审核，同时对采购价格等信息进行随机回访，并在被抽查业务的报销单据上记录抽查结果，以发挥会计的监督职能。

（6）办理报销时应附的原始单据：发票及有效清单、批准报告、出库单和入库单，或者询价记录、竞争性谈判记录、合同（详见5.1节）。

7.5.2　劳动保护费税务管理

接下来从劳动保护费释义、个人所得税、企业所得税、进项抵扣等四个方面对劳动保护费的税务管理展开分析。

7.5.2.1　劳动保护费的释义

《关于规范社会保险缴费基数有关问题的通知》第四条第三款规定：劳动保护支出的范围包括工作服、手套、洗衣粉等劳保用品，解毒剂等安全保护用品，清凉饮料等防暑降温用品，以及按照原劳动部等部门规定的范围对接触有毒物质、矽尘作业、放射性作业和潜水、沉箱作业、高温作业等五类工种所享受的由劳动保护费开支的保健食品待遇。即劳动保护费指的是因工作需要而为从业人员配备安全保护用品所发生的支出，是企业在生产经营管理中必须提供的支出，一般发生在特定岗位上，而非普遍性质的福利支出。

7.5.2.2　关于劳保用品的个人所得税问题

《个人所得税法》《个人所得税法实施条例》和全国性法规均没有明确劳动保护费是否应个人所得税前扣除，但鉴于劳动保护支出的特殊性，很多地方税务部门在个人所得税管理实践中规定了一些地方性的扣除政策，具体执行时须遵照地方的政策规定。

当然，劳保用品是因工作需要而为特殊岗位从业人员实际配置的，为的是避免或减轻劳动过程中的伤害及危害，不属于《个人所得税法》规定的个人所得征税范围，这里注重的是实物配置,如果是企业以劳动保护费名义发放的货币和实物,那么应并入工资总额缴纳个人所得税。

7.5.2.3 关于劳保用品的企业所得税前扣除问题

《企业所得税法实施条例》第四十八条规定:企业发生合理的劳动保护支出准予扣除。《劳动保护用品监督管理规定》第十五条规定:生产经营单位应当安排用于配备劳动防护用品的专项经费,并且生产经营单位不得以货币或者其他物品替代应当按规定配备的劳动防护用品。

由上可知,劳动保护支出是指生产经营单位因工作需要为从业人员配备防护用品的支出,属合理支出,应准予企业所得税前扣除。

另外,《国家税务总局关于企业所得税若干问题的公告》(国家税务总局公告2011年第34号)第二条规定:企业根据其工作性质和特点,由企业统一制作并要求员工工作时统一着装所发生的工作服饰费用,可以作为企业合理的支出给予税前扣除。

在实际操作中应当建立内部管理制度以完善证据链,减少纳税调整风险。尤其是对服装费的列支应注意:必须符合企业的工作性质和特点;应统一制作、统一着装。

7.5.2.4 关于购买劳保用品的进项税额能否抵扣问题

《增值税暂行条例》第十条规定:用于简易计税方法计税项目、免征增值税项目、集体福利或者个人消费的购进货物、劳务、服务、无形资产和不动产进项税额不得抵扣。

依上所述,劳保用品是保障特殊岗位从业人员在劳动过程中免于伤害,不属于条例规定的不得抵扣的项目。至于工作服的进项抵扣问题,依据《国家总局关于企业所得税若干问题的公告》的规定,工作服可以作为合理支出在企业所得税前扣除,但这并不意味着其增值税进项税额就一定可以抵扣，因两个税种的适用标准不同。如果企业切实根据其工作性质和特点，由企业统一制作并要求员工工作时统一着装，这本身并不属于个人消费或集体福利，其进项税额应该予以从销项税额中抵扣。但《国家税务总局关于修订〈增值税专用发票使用规定〉的通知》（国税发〔2006〕156号）第十条规定：商业企业一般纳税人零售的烟、酒、食品、服装、鞋帽（不包括劳保专用部分）、化妆品等消费品不得开具专用发票。也就是说，因为商贸企业不能开具专用发票，服装采购根本无进项可抵扣，所以配置工作服时，建议直接与生产厂家签约，以便取得增值税专用发票，按规定予以抵扣。

7.6 职工教育经费

本业务项目反映和核算企业员工外出培训的差旅费、培训机构的培训费等，以及外请专家的授课费及差旅费、全员拓展培训费等。

7.6.1 外出培训费报销实务

（1）经办部门（企业按自身的组织架构设置人力资源部门或将人力资源相关业务归口某部门管理，下述同理）根据年度预算或实际需求提起外出培训申请报告，拟定参训人员名单，经审核批准后执行。

（2）参训人员培训结束后将所有原始单据交由经办部门统一办理报销，并附上经人力资源部签字确认的培训心得（或将培训心得交由人力资源部存档，再由人力资源部在报销封面的"备注"栏中标注"培训心得已提交存档"字样），同时将培训电子档课件提交人力资源部存档。

（3）财务部门审核：根据批准报告、年度预算方案、签字确认的培训心得等资料进行审核。

（4）办理报销时应附的原始单据：交通费、住宿费、餐饮费、培训费等的原始发票、批准报告、培训心得（年度预算方案须作为审核依据）。

注：外请专家、全员拓展培训等参照执行，其中在支付外请专家劳务费时须代扣代缴个人所得税。

7.6.2　会员制培训费报销实务

本业务项目反映和核算长期合作的会员单位的培训。

（1）经办部门（企业按自身的组织架构设置人力资源部门或将人力资源相关业务归口某部门管理，下述同理）根据年度预算或实际需求，提起会员制培训报告，经审核批准后执行。

（2）经办部门依据合同条款办理付款手续，参训人员培训结束后将培训电子档课件及培训心得提交人力资源部存档，由人力资源部对培训过程进行统一管控。

（3）财务部门审核：根据批准报告或年度预算方案、合同、签字确认的培训心得等资料进行审核。

（4）办理报销时应附的原始单据：发票、批准报告或年度预算报告、合同、培训心得（年度预算方案须作为审核依据）。

7.6.3　内部培训费报销实务

本业务项目反映和核算岗位培训费、综合素质培训费、新入职员工培训费等。

（1）经办部门（企业按自身的组织架构设置人力资源部门或将人力资源相关业务归口某部门管理，下述同理）根据年度预算或实际需求发布培训通知，拟定参训人员名单，经批准后执行。

（2）经办部门在培训结束后将培训课件、下发的内训通知、参训人员签到表等提交一份给人力资源部存档。培训过程中如发生费用，须将课件、通知、签到表原件随报销手续一起提交财务作为报销附件（签到表通常只有一份，财务部门因会计规范要求一般须留存原件，可在收取原件时另行复印，并在复印件上注明"原件已作为会计凭证存档"字样，再交于经办部门，以便日后查证）。

（3）财务部门审核：根据培训通知、年度预算方案、培训实施资料进行审核。

（4）办理报销时应附的原始单据：发票、内训通知、培训课件、参训人员签到表（年度预算方案须作为审核依据）。

注：内部培训若没有费用发生，则不用走报销程序；如果产生内部培训费用，那么按常规报销程序办理即可，其中内部培训师的课时费，建议由人力资源部并入当月工资统一发放。

7.6.4 继续教育、职业资格等培训费报销实务

本业务项目主要反映和核算专业技术人员的继续教育、资格认证等的培训费。

（1）各专业技术人员可以部门为单位，根据企业的年度预算或实际需求自行办理继续教育或资格认证培训。

（2）培训结束后，各经办部门将所有受训人员的继续教育证件或资格认证书的复印件提交人力资源部备案，经签字确认后办理报销附件。

（3）财务部门审核：根据企业制度及人力资源部签署意见进行审核。

(4) 办理报销时应附的原始单据：发票、证书复印件、人力资源部审核意见书面证明（为简化程序，人力资源部意见的书面证明也可改为在报销封面的"备注"栏上签字确认）。

7.6.5　职工教育经费税务管理

下面从职工教育经营范围、个人所得税、企业所得税、进项抵扣等四个方面进行税务管理分析。

7.6.5.1　职工教育经费的范围

《关于企业职工教育经费提取与使用管理的意见》（财建〔2006〕317号）规定：企业职工教育培训经费列支范围包括上岗和转岗培训、各类岗位适应性培训、岗位培训、职业技术等级培训、高技能人才培训、专业技术人员继续教育、特种作业人员培训、企业组织的职工外送培训的经费支出、职工参加的职业技能鉴定、职业资格认证等经费支出、购置教学设备与设施、职工岗位自学成才奖励费用、职工教育培训管理费用、有关职工教育的其他开支。

7.6.5.2　关于职工教育经费的个人所得税问题

财建〔2006〕317号文第三条第九款规定：企业职工参加社会上的学历教育以及个人为取得学位而参加的在职教育，所需费用应由个人承担，不能挤占企业的职工教育培训经费。同时，第十款规定：对于企业高层管理人员的境外培训和考察，其一次性单项支出较高的费用应从其他管理费用中支出，避免挤占日常的职工教育培训经费开支。这两条在税法条文中虽没有明确规定，但为了奖励职工参加社会上的学历教育而报销的学费，依据《个人所得税法实施条例》，应当并入当月工资、薪金所得代扣代缴个人所得税。

公司高层管理人员的境外、委托培训等，依据财建〔2006〕

317号文列支管理费用,是否计入工资薪金一并缴纳个人所得税?目前税法并没有明确规定。在实务中,如果是单位委派个人参加学习培训,且培训的内容与个人从事的岗位有关,那么建议个人与单位就该项培训签订培训协议,从完善证据链方面来规避税务风险。

7.6.5.3 关于职工教育经费的企业所得税问题

《企业所得税法实施条例》第四十二条规定:除国务院财政、税务主管部门另有规定外,企业发生的职工教育经费支出,不超过工资薪金总额2.5%的部分,准予扣除;超过部分,准予在以后纳税年度结转扣除。为了鼓励企业通过培训提升职工素质、提高职工工作能力,从而助推企业创新发展,财政部、税务总局发布的《关于企业职工教育经费税前扣除政策的通知》(财税〔2018〕51号)规定:企业发生的职工教育经费支出,不超过工资薪金总额8%的部分,准予在计算企业所得税应纳税所得额时扣除;超过部分,准予在以后纳税年度结转扣除。该文将职工教育经费的当期扣除标准提高到8%(必须实际发生),对超过标准部分,准予无限期地在以后纳税年度结转,这相当于企业发生的职工教育经费全额在税前扣除,只是在扣除时间上做了相应递延。

7.6.5.4 关于职工教育经费的进项抵扣

有关职工教育经费的支出只要不是用于《增值税暂行条例》和财税〔2016〕36号文规定不得抵扣项目的,可以正常进行抵扣。例如,企业购买图书取得的增值税专用发票、专业人员参加职业和技术培训等取得的增值税专用发票,按照相关规定可以进项税额抵扣。

7.7 人才招聘费

7.7.1 中高层人员招聘费报销实务

本业务项目反映和核算支付猎头公司中介费等。

(1) 经办部门（企业按自身的组织架构设置人力资源部门或将人力资源相关业务归口某部门管理，下述同理）根据企业年度预算或实际需求提起请示报告，经批准后执行。

(2) 经办部门须在分管领导主持下选择优质服务单位签订服务合同，并按合同约定执行支付手续。

(3) 财务部门审核：根据批准报告或年度预算方案、合同条款审核。

(4) 办理报销时应附的原始单据：发票、批准报告、合同（年度预算方案须作为审核依据）。

7.7.2 大型招聘会费报销实务

本业务项目反映和核算大型招聘会会场租赁费、网络投放费、资料费等。

(1) 经办部门（企业按自身的组织架构设置人力资源部门或将人力资源相关业务归口某部门管理，下述同理）根据年度预算或实际需求拟定招聘方案，在报批后实施，对方案中各分项业务的限额管控要求参照5.1节执行。

(2) 招聘方案可能涉及多个部门，所以在实际执行中各经办部门的分项业务的执行额度可由主办部门适当调配，但总额度不得超过报批的预算方案，否则须另行申报，经批准后方可实施。

（3）各经办部门在实际执行过程中的各种材料耗用等须履行现场验收手续或拍摄图片，以实现过程管控。

（4）各经办部门在报销时应按分项业务分别填列报销单据，由主办部门尽量收集齐全并一次性办理报销，以便控制方案总预算额度。

（5）财务部门审核：根据批准方案、年度预算方案、询价记录或竞争性谈判记录等书面资料进行审核，以及对验收单列示的规格型号、数量、单价与发票信息进行审核；对费用预算进行分项、汇总统计分析，以控制方案总预算额度；同时对采购价格等信息进行随机回访，并在被抽查业务的报销单据上记录抽查结果，以发挥会计的监督职能（详见5.1节）。

（6）办理报销时应附的原始单据：发票或有效清单（适用发票汇兑开具的业务）、批准方案、验收单或现场图片资料。同时针对不同业务额度提供询价记录（适用3 000元≤单笔业务金额＜10 000元）、竞争性谈判记录（适用10 000元≤单笔业务金额＜50 000元）或合同（适用单笔业务金额≥50 000元）（详见5.1节）。

阅读延伸7-1　大型招聘会费报销

一场大型招聘会可能会涉及多种分项业务，在办理报销过程中，为了避免出现今天一个分项业务报销，明天一个分项业务报销，过几天又有一个分项业务报销。最后，主办部门都搞不清到底报销了多少金额，财务部门也难以控制总预算额度，即使有台账记录备忘，也会因人为因素而产生遗漏，所以应要求主办部门收集单据一次性提交审核，这既利于方案总预算额度的控制，也节约了日后核对的工作量。

当然,已实现信息化管理的企业,可将整个活动方案作为一个单独项目,在方案批准后即时将方案的数据信息输入到系统里,实际报销时系统会自动累计执行数,再以数据统计表的形式呈现预算数与执行数的对比分析,这样既能收到事半功倍的效果,也能节约大量统计的人力成本。

7.7.3　日常招聘会费报销实务

本业务项目反映和核算人才招聘网站的年费,招聘现场场地使用费等。

(1)经办部门(企业按自身的组织架构设置人力资源部门或将人力资源相关业务归口某部门管理,下述同理)对人才招聘网站的维护可根据年度预算或实际需求,与合作单位按年签订服务合同,并依合同约定支付费用;场地使用等费用在预算额度内或实际发生时据实报销。

(2)财务部门审核:人才招聘网站的年度维护费根据合同条款或年度预算方案进行审核;场地使用等日常招聘费根据实际执行时的相关现场资料或预算额度进行审核。

(3)办理报销时应附的原始单据:发票、合同(适用人才招聘网站维护费);发票、实际执行相关资料(适用场地使用等日常招聘费)。

7.8 福利费相关法规对比分析

本讲阐述了人力成本中所有的福利性开支项目（工资薪金在绝大多数企业都是由决策层直接管理的，故不做涉及），其中的重点就是福利费处理中的相关税务问题，虽然在具体业务处理中已分别论述，但是为了给读者一个总体认知，下面对相关法规进行逐一梳理。

实务中，会计人员会有这样的困惑：《个人所得税法》明明规定"福利费、抚恤金、救济金"免征个人所得税，但在税务检查或稽查中税务机关往往会要求企业缴税或补税，以至于有些企业的会计人员干脆只要给员工发放福利，不论是何种方式，都一律并入工资计缴个人所得税。作为专业的财会人员，既要清楚"福利费"的会计处理，也要清楚《企业所得税法》和《个人所得税法》，以及法律之下的条例、条例之下的部门规章、规范性文件中关于"福利费"的规定，不能简单、独立地凭一个文件就认定，只要是"福利费"，就得征收个人所得税或免征个人所得税，应根据"福利费"的性质和内容来界定。

7.8.1 福利费相关法规

（1）《个人所得税法》第四条第四项规定：福利费、抚恤金、救济金免纳个人所得税。

（2）《个人所得税法实施条例》第十一条规定：个人所得税法第四条第四项所说的福利费，是指依据国家有关规定，从企业、事业单位、国家机关、社会团体提留的福利费或者工会经费中支付给个人的生活补助费；所说的救济金，是指各级人民政府民政部门支付给个人的生活困难补助费。

(3)《国家税务总局关于生活补助费范围确定问题的通知》(国税发〔1998〕155号)原文节选如下:

> 近据一些地区反映《中华人民共和国个人所得税法实施条例》第十四条所说的从福利费或者工会经费中支付给个人的生活补助费,由于缺乏明确的范围,在实际执行中难以具体界定,各地掌握尺度不一,须统一明确规定,以利执行。经研究,现明确如下:
>
> 一、上述所称生活补助费,是指由于某些特定事件或原因而给纳税人或其家庭的正常生活造成一定困难,其任职单位按国家规定从提留的福利费或者工会经费中向其支付的临时性生活困难补助。
>
> 二、下列收入不属于免税的福利费范围,应当并入纳税人的工资薪金收入计征个人所得税:
>
> (一)从超出国家规定的比例或基数计提的福利费、工会经费中支付给个人的各种补贴补助;
>
> (二)从福利费和工会经费中支付给单位职工的人人有份的补贴、补助;
>
> (三)单位为个人购买汽车、住房、电子计算机等不属于临时性生活困难补助性质的支出。

(4)《财政部关于企业加强职工福利费税务管理的通知》(财企〔2009〕242号)原文节选如下:

> 一、企业职工福利费是指企业为职工提供的除职工工资、奖金、津贴、纳入工资总额管理的补贴、职工教育经费、社会保险费和补充养老保险费(年金)、补充医疗保险费及住房公积金以外的福利待遇支出,包括发放给职工或为职工支付的以下各项现金补贴和非货币性集体福利:

（一）为职工卫生保健、生活等发放或支付的各项现金补贴和非货币性福利，包括职工因公外地就医费用、暂未实行医疗统筹企业职工医疗费用、职工供养直系亲属医疗补贴、职工疗养费用、自办职工食堂经费补贴或未办职工食堂统一供应午餐支出、符合国家有关财务规定的供暖费补贴、防暑降温费等。

（二）企业尚未分离的内设集体福利部门所发生的设备、设施和人员费用，包括职工食堂、职工浴室、理发室、医务所、托儿所、疗养院、集体宿舍等集体福利部门设备、设施的折旧、维修、保养费用以及集体福利部门工作人员的工资薪金、社会保险费、住房公积金、劳务费等人工费用。

（三）职工困难补助，或者企业统筹建立和管理的专门用于帮助、救济困难职工的基金支出。

（四）离退休人员统筹外费用，包括离休人员的医疗费及离退休人员其他统筹外费用。企业重组涉及的离退休人员统筹外费用，按照《财政部关于企业重组有关职工安置费用税务管理问题的通知》(财企〔2009〕117号)执行。国家另有规定的，从其规定。

（五）按规定发生的其他职工福利费，包括丧葬补助费、抚恤费、职工异地安家费、独生子女费、探亲假路费，以及符合企业职工福利费定义但没有包括在本通知各条款项目中的其他支出。

二、企业为职工提供的交通、住房、通讯待遇，已经实行货币化改革的，按月按标准发放或支付的住房补贴、交通补贴或者车改补贴、通讯补贴，应当纳入职工工资总额，不再纳入职工福利费管理；尚未实行货币化改革的，企业发生的相关支出作为职工福利费管理，但根据国家有关企业住房制度改革政策的统一规定,不得再为职工购建住房。

企业给职工发放的节日补助、未统一供餐而按月发放的午餐费补贴,应当纳入工资总额管理。

(5)《国家税务总局关于企业工资薪金及职工福利费扣除问题的通知》(国税函〔2009〕3号)第三条原文节选如下:

关于职工福利费扣除问题《企业所得税法实施条例》第四十条规定的企业职工福利费,包括以下内容:

(一)尚未实行分离办社会职能的企业,其内设福利部门所发生的设备、设施和人员费用,包括职工食堂、职工浴室、理发室、医务所、托儿所、疗养院等集体福利部门的设备、设施及维修保养费用和福利部门工作人员的工资薪金、社会保险费、住房公积金、劳务费等。

(二)为职工卫生保健、生活、住房、交通等所发放的各项补贴和非货币性福利,包括企业向职工发放的因公外地就医费用、未实行医疗统筹企业职工医疗费用、职工供养直系亲属医疗补贴、供暖费补贴、职工防暑降温费、职工困难补贴、救济费、职工食堂经费补贴、职工交通补贴等。

(三)按照其他规定发生的其他职工福利费,包括丧葬补助费、抚恤费、安家费、探亲假路费等。

(6)《国家税务总局关于企业工资薪金和职工福利费等支出税前扣除问题的公告》(国家税务总局公告2015年第34号)对国税函〔2009〕3号做出部分补充与修改:

一、企业福利性补贴支出税前扣除问题

列入企业员工工资薪金制度、固定与工资薪金一起发放的福利性补贴，符合《国家税务总局关于企业工资薪金及职工福利费扣除问题的通知》（国税函〔2009〕3号）第一条规定的，可作为企业发生的工资薪金支出，按规定在税前扣除。

不能同时符合上述条件的福利性补贴，应作为国税函〔2009〕3号第三条规定的职工福利费，按规定计算限额税前扣除。

二、企业年度汇算清缴结束前支付汇缴年度工资薪金税前扣除问题

企业在年度汇算清缴结束前向员工实际支付的已预提汇缴年度工资薪金，准予在汇缴年度按规定扣除。

综上所述，《人所得税法》第四条第四款规定的福利费属免税项目，《个人所得税法实施条例》第十一条是对税法第四条第四款的福利费免税项目进行定义，《国家税务总局关于生活补助费范围确定问题的通知》（国税发〔1998〕155号）是确定福利费免税项目的具体执行标准。

财企〔2009〕242号文以列举的方式规定了企业职工福利费的范围，会计实务中一般都是以该文件作为福利费明细核算依据。而国税函〔2009〕3号也是以列举的方式规定了企业可以税前扣除的职工福利费范围，但是该文件只适用于企业所得税方面。另外，国家税务总局公告2015年第34号还改变以往将所有福利性支出皆计入职工福利费进行限额的做法，规定福利性支出中列入企业员工工资薪金、固定与工资薪金一起发放的福利性补贴，如果符合国税函〔2009〕3号关于"合理工资薪金"的规定，那么可以作为企业发生的工资薪金支出，按规定在税前扣除。

7.8.2　财企〔2009〕242号文与国税函〔2009〕3号的对比分析

财企〔2009〕242号文与国税函〔2009〕3号尽管都是对职工福利费的规定，但财企〔2009〕242号文是规范企业对职工福利费的会计核算，而国税函〔2009〕3号是对企业职工福利费企业所得税前扣除的规定，即从性质上看，这两个文件并无隶属关系，但因都是有关"福利费"的规定，故为方便读者阅读理解，现对两个文件进行对比、归纳如下：

7.8.2.1　两个文件的关联

（1）为职工卫生保健、生活等发放或支付的各项现金补贴和非货币性福利，这其中包括职工因公外地就医费用、暂未实行医疗统筹企业职工医疗费用、职工供养直系亲属医疗补贴、食堂经费补贴、符合国家有关财务规定的供暖费补贴及防暑降温费、职工困难补贴、救济费等，两个文件都作为福利费处理。

（2）尚未实行分离办社会职能的企业，其内设福利部门所发生的设备、设施和人员费用，两个文件都作为福利费处理。

（3）财企〔2009〕242号文规定：企业给职工发放的节日补助、未统一供餐而按月发放的午餐费补贴，应当纳入工资总额管理，不作为福利费的内容核算；国税函〔2009〕3号虽未明确做出规定，但以现金形式发放的午餐补助和过节费已符合工资薪金的范畴，应当列入工资总额进行核算。

7.8.2.2　两个文件的差异

（1）财企〔2009〕242号文将"职工疗养费"作为福利费，而国税函〔2009〕3号未做出规定，即此项费用会计上作为福利费处理，而税法上未明确规定。在税务检查或稽查中，该费用可能会被认定为与生产经营无关，从而不得在税前扣除。

（2）财企〔2009〕242号文规定"离退休人员统筹外费用"作为福利费处理，而国税函〔2009〕3号未做出规定，但依据《企业所得税法》第八条及《企业所得税法实施条例》第二十七条，与企业取得收入不直接相关的离退休人员福利费等支出，不得在企业所得税税前扣除。

（3）财企〔2009〕242号文规定：交通、住房、通讯补贴已实现货币化按月按标准发放的，应列入工资总额管理，未实现货币化的作为福利费处理；国税函〔2009〕3号规定"职工交通补贴"和"住房补贴"作为福利费处理。实际操作中建议依据税法规定，以减少企业所得税的纳税调整，但这不影响《个人所得税法》的执行。

（4）财企〔2009〕242号文规定福利费在"应付职工薪酬"科目下设二级明细核算；国税函〔2009〕3号规定福利费单独建账。实务中建议企业对职工福利费进行预算管理，从支出确认到原始凭证的审批再到对职工福利费账户的明细核算，做到真实、清晰、规范和准确反映，以便企业自身的纳税申报和税务部门的日常监督、检查。

第8讲 物资采购报销实务与税务管理

采购业务的实施过程中，经常会出现供方是一般纳税人和小规模纳税人两种情况，以及"要发票是一个价，不要发票又是另一个价"的情况，具体如何选择供方，业务人员和财务人员往往会很纠结，其实不管哪种情况，通过它们之间存在的等式关系，可以从中发现一个利益平衡点。

营改增后包括不动产在内的固定资产进项允许抵扣，以及为支持科技创新，鼓励企业投资设备器具，加大固定资产一次性企业所得税前扣除的优惠力度，这些在提高企业的资金利用价值、提高国产品的竞争力、完整抵扣链条等方面具有重大意义。

物资采购报销的共性审核点如下：
（1）购买方信息栏是否正确、印章是否正确；
（2）应该取得增值税专用发票的是否按规定取得（小规模企业不适用）；
（3）审核报销金额及书写的正确性；
（4）核对报销所附原始单据张数；
（5）审核报销签批流程是否完备。

8.1 材料采购

8.1.1 材料采购报销实务

本业务项目反映和核算原料及主要材料、辅助材料、外购半成品、修理用备件、包装材料、燃料等。

(1) 经办部门（企业按自身的组织架构设置专门采购部门或将采购相关业务归口某部门管理，下述同理），在分管领导主持下（必要时审计监督部门参与），选择3~5家一级代理商或厂商在充分议价或竞争性谈判的基础上签订年度框架合同，以增强谈判时的议价能力及增加执行过程中的选择余地，同时要求各参与议价的单位附上报价清单作为合同的有效附件（报价清单须明确材料的规格型号以便验收时核对）。

(2) 货款两清的采购业务，在业务结束后由经办人员会同物资管理部门进行实物验收，验收完成后办理入库手续（为减少工作量，如果供货方随身带有送货单据，那么供需双方可在送货单据上签字验收，但这要遵照各个企业具体的管理要求），凭采购发票、入库单或验货单等办理报销手续。

(3) 先货后款的采购业务，到货后由经办人员会同物资管理部门进行实物验收，验收完成后办理入库手续（为减少工作量，可不必另行填制入库单，但供需双方必须在送货单上签字确认量和价两项重要信息；如果供方的送货单只带来一联，那么需方要保留经签字确认的送货单原件，供方拿回复印件备查，且复印件上须留有需方经办人员的"此复印件与留存原件相符"的签字样），经办人员将验收的相关单据提交会计部门，以作为暂估入账的依据。定期或定额结算货款时，由经办人员发起付款审批流程,并要求供方提供合规发票,做到票随款清。

(4)先款后货的采购业务,由经办人员发起付款审批流程,会计上按供方名称挂往来账并进行明细核算,收到实货和发票时,由经办人员会同物资管理部门进行实物验收并随发票一起办理发票冲账手续。

(5)财务部门审核:按上述条款执行,同时对供方价格信息进行随机回访并做相应记录,以发挥监督职能。

(6)办理报销时应附的原始凭证:发票及有效清单、入库单或验货单、合同(适用货款两清的采购业务);到货时附入库单或验收单、合同,付款时附发票及有效清单、经批准的付款单据(适用先货后款的采购业务);付款时附经批准的付款单据、合同,货物和发票到时附发票及有效清单、入库单或验收单(适用先款后货的采购业务)。具体管控方法详见5.1节。

8.1.2 材料采购业务中发票与议价的税务管理

采购业务实施过程中,经常出现"要发票一个价,不要发票另一个价"。不索取发票不符合法规,本书不做涉及。索取发票分为供方是一般纳税人和供方是小规模纳税人两种情况,而小规模纳税人又分为可提供增值税专用发票和增值税普通发票两种情况。如何选择供方,业务人员和财务人员往往会很纠结。其实不管哪种情况,它们之间始终存在一个等式关系,从中可以发现一个利益平衡点。下面做具体分析。

8.1.2.1 小规模纳税人提供增值税专用发票

假设需方为增值税一般纳税人,增值税率为13%,企业所得税率为25%;供方一为一般纳税人,提供税率为13%的增值税专用发票;供方二为小规模纳税人,提供税率为3%的增值税专用发票。

不考虑增值税随征及期间费用，应纳增值税和企业所得税：

（销项税额−税率为13%的进项税额）+（不含税销售收入−税率为13%的不含税采购价）×25%=（销项税额−税率为3%的进项税额）+（不含税销售收入−税率为3%的不含税采购价）×25%

若供方一和供方二统一按不含税报价，同时分别以各自的税率标识为"不含税采购价$_{(13\%)}$""不含税采购价$_{(3\%)}$"，则代入上式可得

（不含税销售收入×13%−不含税采购价$_{(13\%)}$×13%）+（不含税销售收入−不含税采购价$_{(13\%)}$）×25%=（不含税销售收入×13%−不含税采购价$_{(3\%)}$×3%）+（不含税销售收入−不含税采购价$_{(3\%)}$）×25%

因此，不含税采购价$_{(13\%)}$÷不含税采购价$_{(3\%)}$=0.74，即供方为一般纳税人的不含税报价大于供方为小规模纳税人的不含税报价的74%时选择一般纳税人，否则选择小规模纳税人。

8.1.2.2 小规模纳税人提供增值税普通发票

假设需方为增值税一般纳税人，增值税率为13%，企业所得税率为25%；供方一为一般纳税人，提供税率为13%的增值税专用发票；供方二为小规模纳税人，提供税率为3%的增值税普通发票。

不考虑增值税随征及期间费用，应纳增值税和企业所得税：

（销项税额−税率为13%的进项税额）+（不含税销售收入−税率为13%的不含税采购价）×25%=销项税额+［不含税销售收入−税率为3%的不含税采购价×（1+3%）］×25%

若供方一和供方二统一按不含税报价，同时分别以各自的税率标识为"不含税采购价$_{(13\%)}$""不含税采购价$_{(3\%)}$"，则代入上式可得

(不含税销售收入×13%−不含税采购价$_{(13\%)}$×13%)+(不含税销售收入−不含税采购价$_{(13\%)}$)×25%=不含税销售收入×13%+{不含税销售收入−不含税采购价$_{(3\%)}$×(1+3%)}×25%

因此,不含税采购价$_{(13\%)}$÷不含税采购价$_{(3\%)}$=0.68,即供方为一般纳税人的不含税报价大于供方为小规模纳税人不含税报价的68%时选择一般纳税人,否则选择小规模纳税人。

以上内容只是解决问题的一种思路,读者可考虑结合可能涉及的所有税费,自行构建模型并选择适当参数进行测算。

8.2 固定资产采购

8.2.1 固定资产采购报销实务

本业务项目反映和核算使用年限在一年以上且单位价值较高(具体限额由企业自行拟定)的物品或使用年限在2年以上的物品,低值易耗品报销管理规定参见5.1节。

(1)单笔业务金额<2 000元(此处为建议限额,具体按企业的管控要求,下述同理):需求部门提交采购申请,经物资管理部门(企业可根据自身的组织架构设置专业部门或由某部门归口管理,下述同理)确认资产配置,报批获准后,交由经办部门(企业可根据自身的组织架构设置专业部门或由某部门归口管理,下述同理)执行。

(2)2 000元≤单笔业务金额<10 000元:经办部门根据书面请购报告执行,提供三家以上询价信息记录资料。

(3)10 000元≤单笔业务金额<50 000元:经办部门根据书面请购报告执行,提供三家以上竞争性谈判信息记录资料并签订合同。

(4) 单笔业务金额≥50 000元：经办部门根据书面请购报告并执行招投标程序（招投标程序由企业自行拟定），其中对于优质合作单位、资质限制性单位可采取直接委托方式签约，无需再走招标程序，但须先行报批。

(5) 采购结束后，由经办人员会同物资管理部门指派人员根据请购报告或合同共同验收，填制入库单并签字确认。如果是专用设施设备或有相应的技术参数要求，那么验收时需求部门必须指派专业人员参与实物验收。

(6) 财务部门审核：依据上述业务限额审核经办部门提供的相关资料，再对入库单列示的规格型号、数量、单价与发票信息、请购报告或合同进行审核，同时对采购方信息进行随机抽查，并将抽查记录登记备查，以发挥财务的监督职能。

(7) 办理报销时应附的原始单据：请购报告、发票及有效清单、入库单（适用采购金额<2 000元）；请购报告、发票及有效清单、入库单、三方询价记录（适用2 000元≤采购金额<10 000元）；请购报告、发票及有效清单、入库单、三方竞争性谈判记录、合同（适用10 000元≤采购金额<50 000元）；请购报告、发票及有效清单、入库单、招投标记录、合同（适用采购金额≥50 000元）。

8.2.2 固定资产采购税务管理

8.2.2.1 购置固定资产的进项抵扣问题

《增值税暂行条例》第十条第（一）项规定：用于简易计税方法计税项目、免征增值税项目、集体福利或者个人消费的购进货物、劳务、服务、无形资产和不动产，这些项目的进项税额不得从销项税额中抵扣。

《增值税暂行条例实施细则》第二十一条规定：条例第十

条第（一）项所称购进货物，不包括既用于增值税应税项目（不含免征增值税项目）也用于非增值税应税项目、免征增值税（以下简称"免税"）项目、集体福利或者个人消费的固定资产。

依据《营业税改征增值税试点实施办法》第二十七条，下列项目的进项税额不得从销项税额中抵扣：用于简易计税方法计税项目、免征增值税项目、集体福利或者个人消费的购进货物、加工修理修配劳务、服务、无形资产和不动产。其中涉及的固定资产、无形资产、不动产，仅指专用于上述项目的固定资产、无形资产（不包括其他权益性无形资产）、不动产。

综上所述，企业购置固定资产专用于简易计税方法计税项目、免征增值税项目、集体福利或者个人消费，进项税额不得从销项税额中抵扣。购置固定资产既用于不能抵扣项目又用于可以抵扣项目，进项税额可以从销项税额中抵扣。

8.2.2.2 固定资产改变用途的进项税额抵扣问题

依据《营业税改征增值税试点实施办法》第二十七条，下列项目的进项税额不得从销项税额中抵扣：

（一）用于简易计税方法计税项目、免征增值税项目、集体福利或者个人消费的购进货物、加工修理修配劳务、服务、无形资产和不动产。其中涉及的固定资产、无形资产、不动产，仅指专用于上述项目的固定资产、无形资产（不包括其他权益性无形资产）、不动产。

纳税人的交际应酬消费属于个人消费。

（二）非正常损失的购进货物，以及相关的加工修理修配劳务和交通运输服务。

（三）非正常损失的在产品、产成品所耗用的购进货物（不包括固定资产）、加工修理修配劳务和交通运输服务。

（四）非正常损失的不动产，以及该不动产所耗用的购进货物、设计服务和建筑服务。

（五）非正常损失的不动产在建工程所耗用的购进货物、设计服务和建筑服务。

纳税人新建、改建、扩建、修缮、装饰不动产，均属于不动产在建工程。

（六）购进的旅客运输服务、贷款服务、餐饮服务、居民日常服务和娱乐服务。

（七）财政部和国家税务总局规定的其他情形。

《营业税改征增值税试点实施办法》第三十一条规定：

已抵扣进项税额的固定资产、无形资产或者不动产，发生本办法第二十七条规定不得抵扣的七种情形时，按照下列公式计算不得抵扣的进项税额：

不得抵扣的进项税额＝固定资产、无形资产或者不动产净值×适用税率

注：固定资产、无形资产或者不动产净值，是指纳税人依据会计制度计提折旧或摊销后的余额。

《营业税改征增值税试点有关事项的规定》第二条规定：

试点纳税人按照《试点实施办法》第二十七条第（一）项规定不得抵扣且未抵扣进项税额的固定资产、无形资产、不动产，发生用途改变，用于允许抵扣进项税额的应税项目，可在用途改变的次月按照下列公式计算可以抵扣的进项税额：

可以抵扣的进项税额＝[固定资产、无形资产、不动产净值÷（1+适用税率）]×适用税率

注:因购入时不得抵扣而将进项税额纳入固定资产成本,这里净值除以(1+适用税率)是还原成不含税价。

综上所述,已抵扣进项税额的固定资产,在改变用途转而用于不能抵扣项目时,应按《试点实施办法》第三十一条规定公式计算出不得抵扣的进项税额后作为进项税额转出。原用于不得抵扣项目的固定资产,后用于应税项目的,应按《营业税改征增值税试点有关事项的规定》第二条规定的公式,先将成本还原成不含税价再计算予以抵扣的进项税额。这里要注意的是,实务中如果取得增值税专用发票,那么即使是用于非抵扣项目,也最好按正常程序做专票认证,论证相符后再作为进项转出。如此既可完善抵扣链条,又可为后续因改变用途而办理抵扣时提供完备手续。

8.2.2.3 新购进固定资产企业所得税前一次性扣除问题

自2014年起,固定资产加速折旧的相关法规如表8.1所示。

表8.1 固定资产加速折旧相关法规列表

文件	针对行业	适用条件	折旧方式	起讫日期
财税〔2014〕75号	生物药品制造业等六大行业*	新购进的固定资产	可加速折旧	2014.1.1—
	六大行业的小型微利企业	新购进的研发和生产经营共用的仪器、设备	单位价值100万元以内的,一次性扣除;单位价值超过100万元的,可缩短折旧年限或采取加速折旧的方法	2014.1.1—

续表

文件	针对行业	适用条件	折旧方式	起讫日期
	所有行业	新购进的专用研发的仪器、设备	单位价值100万元以内的,一次性扣除;单位价值超过100万元的,可缩短折旧年限或采取加速折旧的方法	2014.1.1—
	所有行业	持有的固定资产	单位价值5 000元以内的一次性扣除	2014.1.1—
国家税务总局2014年公告第64号	针对财税〔2014〕75号文中的"可缩短折旧年限或采取加速折旧的方法",允许按不低于《企业所得税法》规定折旧年限的60%缩短折旧年限,或者选择采取双倍余额递减法或年数总和法进行加速折旧			2014.1.1—
财税〔2015〕106号	轻工、纺织、机械、汽车等四个领域的重点行业	新购进的固定资产	可加速折旧	2015.1.1—
	轻工、纺织、机械、汽车等四个领域重点行业的小型微利企业	新购进的研发和生产经营共用的仪器、设备	单位价值100万元以内的,一次性扣除;单位价值超过100万元的,可由企业选择缩短折旧年限或采取加速折旧的方法	2015.1.1—
国家税务总局2015年公告第68号	针对财税〔2015〕106号文的具体规定做进一步补充及解读			2015.9.30—

续表

文件	针对行业	适用条件	折旧方式	起讫日期
财税〔2018〕54号	所有企业	新购除房屋、建筑物以外的设备、器具	单位价值500万元以内的一次性扣除；单位价值超过500万元的，仍按财税〔2014〕75号、财税〔2015〕106号等文件中的相关规定执行	2018.1.1—2020.12.31
国家税务总局2018年公告第46号		针对财税〔2018〕54号文的具体规定的补充及解决		2018.8.23—
财政部税务总局公告2019年第66号		将财税〔2014〕75号文和财税〔2015〕106号文规定的固定资产加速折旧优惠的行业范围扩大至全部制造业领域，除六大行业和四个领域重点行业中的制造业企业外，其余制造业企业适用加速折旧政策的固定资产应是2019年1月1日以后新购进的		2019.1.1—
财政部税务总局公告2021年第6号		将财税〔2018〕54号等16个文件规定的税收优惠政策执行期限延长至2023年12月31日		2021.1.1—2023.12.31

注：财税〔2014〕75号文中的六大行业是指生物药品制造业，专用设备制造业，铁路、船舶、航空航天和其他运输设备制造业，计算机、通讯和其他电子设备制造业，仪器仪表制造业，信息传输、软件和信息技术服务业。

由表8.1可知，财政部、国家税务总局于2014年、2015年先后两次出台固定资产加速折旧优惠政策，以支持科技创新。2018年又出台《财政部 税务总局关于设备、器具扣除有关企业所得税政策的通知》（财税〔2018〕54号），将加速折旧从100万元以内提高至500万元以内，引导企业加大设施设备投资力度。同年，为贯彻落实财税〔2018〕54号文件，国家税务总局发布国家税务总局2018年公告第46号，进一步明确相关政策具体执行口径和征管要求，以保证政策有效地贯彻实施。

《财政部 税务总局关于设备、器具扣除有关企业所得税政策的通知》（财税〔2018〕54号）节选如下：

> 一、企业在2018年1月1日至2020年12月31日期间新购进的设备、器具，单位价值不超过500万元的，允许一次性计入当期成本费用在计算应纳税所得额时扣除，不再分年度计算折旧；单位价值超过500万元的，仍按《企业所得税法实施条例》《财政部 国家税务总局关于完善固定资产加速折旧企业所得税政策的通知》（财税〔2014〕75号）、《财政部 国家税务总局关于进一步完善固定资产加速折旧企业所得政策的通知》（财税〔2015〕106号）等相关规定执行。
>
> 二、本通知所称设备、器具，是指除房屋、建筑物以外的固定资产。

《财政部 税务总局关于延长部分税收优惠政策执行期限的公告》（财政部 税务总局公告2021年第6号）将财税〔2018〕54号文规定的税收优惠政策执行期限延长至2023年12月31日。

下面将财税〔2018〕54号文与国家税务总局2018年公告第46号进行对照阐述，以方便读者理解。

（1）国家税务总局2018年公告第46号明确财税〔2018〕54号文中的"企业"是指《企业所得税法》中规定的"企业"的概念，个人独资企业、合伙企业不适用。

（2）国家税务总局2018年公告第46号明确财税〔2018〕54号文中的"新购进"中的"新"字，并非购进全新的固定资产，只要是企业新增购的固定资产都适用本条款。另外，公告明确"购进"包括以货币形式购进或自行建造两种形式，不包括融资租入、捐赠、投资、非货币性资产交换、债务重组等方式。

（3）国家税务总局2018年公告第46号明确财税〔2018〕54号文中的"设备、器具"是指房屋、建筑物以外的固定资产，将以前文件加速折旧的优惠政策范围仅限于研发，扩充到生产、研发均适用。

（4）财税〔2018〕54号文中的500万元额度是否含相关税费？为统一政策执行口径，国家税务总局2018年公告第46号明确固定资产单位价值的计算与《企业所得税法实施条例》第五十八条规定的固定资产计税基础的计算方法保持一致：货币形式购进的固定资产，以购买价款和支付的相关税费，以及直接归属于使该资产达到预定用途发生的其他支出确定单位价值；自行建造的固定资产，以竣工结算前发生的支出确定单位价值。

相关税费是否包含增值税，笔者认为在实务中要进行具体分析，我国的增值税自1979年施行以来由生产型不断向消费型转变，在生产型阶段，因为固定资产的进项税不予抵扣，所以一定含在固定资产成本里。但是在消费型阶段，如果采购固定资产取得了增值税专用发票并按规定已抵扣进项税的话，那么还执行企业所得税的计税基础，将进项税计入固定资产成本，这仍有待商榷。

（5）税总局2018年公告第46号明确财税〔2018〕54号文中的"允许一次性扣除"是指企业根据自身生产经营需要，可自行选择享受一次性税前扣除政策。如果企业未选择一次性扣除优惠政策的，那么以后年度不得再变更。需要注意的是，单个固定资产未选择享受的，不影响其他固定资产选择享受一次性税前扣除政策。

（6）国家税务总局2018年公告第46号明确财税〔2018〕54号文中的"允许一次性扣除"的固定资产购进时点，以一次性付款购进的固定资产，按发票开具时间确认；以分期付款或赊销方式购进的固定资产，按固定资产到货时间确认；自行建造的固定资产，按竣工结算时间确认。

（7）财税〔2018〕54号文中规定的新购进单位价值500万元以内的，房屋、建筑物以外的固定资产允许一次性税前扣除，这只是税法上的优惠，与会计制度上的固定资产确认、计量是两种不同的适用政策，会计核算上执行会计制度正常计提折旧，在纳税申报时按时间性差异进行纳税调整。